Claudia Fabian

Mutig
und
respektvoll
Nein
sagen

Mit Wertschätzung und innerer
Leichtigkeit für sich einstehen

Schirner
Verlag

ISBN 978-3-8434-1276-6

Claudia Fabian: Umschlag: Silja Bernspitz, Schirner,
Mutig und respektvoll Nein sagen   unter Verwendung von# 144072169
Mit Wertschätzung und innerer   (© Peter Hermes Furian), # 299414282
Leichtigkeit für sich einstehen   (© Little Perfect Stock), # 110378849
© 2017 Schirner Verlag,   (© RoyStudioEU), www.shutterstock.com
Darmstadt   Layout: Silja Bernspitz, Schirner
Lektorat: Rudolf Garski, Schirner
Printed by: Ren Medien GmbH, Germany

www.schirner.com

1. Auflage Februar 2017

Inhalt

VORWORT

Als Trainerin für achtsame und wertschätzende Kommunikation sowie ganzheitliche, mediale Lebensberaterin ist es mir ein Herzensanliegen, die Spiritualität aktiv in den Alltag einzubinden und zu leben. Die Kommunikation ist hierzu ein wichtiger Schlüssel, denn sie zeigt uns unmittelbar unsere Stärken und Schwächen auf.

Was auch immer wir für unsere persönliche Entwicklung tun, wenn wir anderen Menschen unsere Anliegen, Wünsche und Bedürfnisse mitteilen wollen, müssen wir darüber reden.

Daher biete ich Einzelsitzungen an, halte unterschiedlichste Vorträge zu den Themen »Kommunikation« und »Bewusstseinsarbeit«, gebe Seminare und schreibe Bücher. Egal, was ich tue, ich arbeite grundsätzlich mit bzw. in der medialen Anbindung und mache mir diese im Rahmen meiner Arbeit zunutze.

Wir alle sind energetisch mit allen anderen verbunden, und somit ist es möglich, in der Kommunikation die Energien, die wir mit unseren Worten aussenden, zu spüren. Gleichzeitig besteht die Möglichkeit, zum Beispiel bei einer Gesprächsvorbereitung, in die Position der Gesprächspartnerin oder des Gesprächspartners zu gehen und zu überprüfen, wie das von uns Gesagte empfangen und aufgenommen wird. Das Gesetz der Resonanz gilt auch in der Kommunikation immer.
Wertschätzende und achtsame Kommunikation bietet uns also die Chance, unseren Alltag direkt und aktiv zu unseren Gunsten zu gestalten.

Ich höre allerdings, vor allem in der Eltern-Kind-Klinik, in der ich regelmäßig arbeite, immer wieder folgende Sätze, die sich hinsichtlich einer aktiven Lebensgestaltung zunehmend hinderlich auswirken:

»Ach, das ist aber schwierig.«
»Hm, das ist aber nicht leicht.«
»Ja, das habe ich schon einmal ausprobiert,
aber es hat nicht funktioniert.«

Sätze wie diese halten uns davon ab, uns weiterzuentwickeln. Wir trauen uns das Neue dann nicht zu.

Es mag ja sein, dass wir heute bestimmte Themen als schwierig und als eine große Herausforderung empfinden, jedoch haben wir **jederzeit die Möglichkeit,** unser Wissen zu erweitern und Neues auszuprobieren.

Wie jedes Kind die Herausforderung des Erlernens der Sprache annimmt, Krabbeln, Laufen und Rennen übt sowie in der Schule und im Alltag lernt und trainiert, so dürfen auch wir Erwachsene wieder offen sein für Neues.

Wie Kinder etwas Neues ausprobieren, ohne sich Gedanken über das Stolpern oder gar das Fallen zu machen, so dürfen auch wir den Zauber von neuen Erfahrungen wiedererkennen und diese feiern.

Egal, ob wir zum Beispiel eine neue Sportart oder eine Fremdsprache lernen, ob wir etwas Neues im Berufs- oder im Privatleben lernen: Der Anfang ist ein erster wichtiger Schritt. Und dann werden wir mit den klassischen Anfangsschwierigkeiten konfrontiert: Vielleicht verstehen wir das Thema nicht gleich vollständig, können Gehörtes nicht korrekt umsetzen oder erleben kleine Misserfolge. Aber wir haben auch Erfolgserlebnisse, die uns ermutigen, weiterzugehen und weiterzulernen.

Gerade beim Thema »Nein sagen« gibt es besonders in der persönlichen Wahrnehmung Hürden.
Diese Hürden werden als so groß bzw. hoch empfunden, dass viele den Versuch, sie zu meistern, schon im Vorfeld scheuen, und es scheint im ersten

Moment leichter zu sein, die eigenen Bedürfnisse hintanzustellen und ein Ja anstelle eines Nein auszusprechen. In der Regel fühlen wir uns jedoch danach nicht besonders gut, da wir unsere Bedürfnisse missachtet haben.

Manchmal sind wir sogar auf einen bestimmten Gesprächspartner ärgerlich, da uns dieser in unserer Wahrnehmung zu einem Ja gedrängt hat. Dabei lassen wir außer Acht, dass uns im menschlichen Miteinander niemand ein Ja aufzwingen kann, wenn wir ein Nein wollen.

Die gute Nachricht ist: Wenn wir erst einmal gelernt haben, achtsam und wertschätzend Nein zu sagen, dann können wir mit Leichtigkeit Nein sagen. Wie beim Erlernen einer neuen Sportart gibt es auch hierfür bestimmte Regeln, nützliche Hilfestellungen, Tipps und Anregungen, die uns darin unterstützen, einen erprobten Weg zum Aussprechen eines wertschätzenden Nein einzuschlagen.

Ich lade dich jetzt dazu ein, dich offenen Herzens auf diese neue Herausforderung einzulassen und etwas Neues auszuprobieren:
mutig und mit Leichtigkeit Nein sagen.

NEIN SAGEN –
EINE ERFOLGS-GESCHICHTE VORAB

Vor nicht allzu langer Zeit war ich als Autorin zu einer Veranstaltung eingeladen. Die Modalitäten waren geklärt, das Hotelzimmer gebucht und die Reise organisiert. Ich freute mich darauf, mich und meine Arbeit präsentieren zu können, neue Erfahrungen zu sammeln und interessante Menschen kennenzulernen.

Als ich vor Ort war, kam nach kurzer Zeit der Veranstaltungsmanager zu mir und erklärte mir, dass die Modalitäten sich geändert hätten – leider zu meinen Ungunsten. Angeblich habe es in seinem Unternehmen Abstimmungsprobleme gegeben, die dazu geführt hätten, dass den Teilnehmern unterschiedliche Informationen mitgeteilt worden seien. Da ihm die Gleichbehandlung aller Teilnehmer dieser Veranstaltung ein Anliegen sei, bat er mich um Verständnis für die nachträglichen Veränderungen.

Ich war zunächst etwas sprachlos, konnte allerdings sein Anliegen, alle Teilnehmer gleich zu behandeln, nachvollziehen und ließ den Sachverhalt zunächst einmal so stehen.

Im Laufe des Tages stellte ich allerdings fest, dass sich ein leichtes Ärgergefühl in mir ausbreitete. Ärger und Wut sind für mich immer ein Zeichen dafür, dass ich mit meinen Bedürfnissen nicht mehr in Kontakt bin, also spürte ich weiter in mich hinein:

Gleichbehandlung aller Teilnehmer finde ich wichtig. Allerdings ist durch die Herausgabe von unterschiedlichen Informationen in meiner Wahrnehmung genau diese Gleichbehandlung nicht gelebt worden.

Darüber hinaus ging es mir um **Verlässlichkeit.** Ich persönlich möchte mich gern auf Informationen, die ich erhalte, verlassen können, denn auf Basis dieser Informationen treffe ich Entscheidungen für mich und für meine Arbeit.

Infolge des Ärgers, den ich wegen meiner nicht erfüllten Bedürfnisse verspürte, entstand eine Trennung: eine innere Ablehnung der Veranstaltung und des Managements. Das wollte ich allerdings auf keinen Fall.

Also atmete ich tief durch, suchte den Manager auf und teilte ihm auf wertschätzende Weise mein Nein zu den Änderungen der Modalitäten mit.

Innerhalb von Minuten hatten wir uns ausgetauscht und eine Regelung getroffen, die beide Seiten respektvoll behandelte. Durch diesen ehrlichen und offenen Austausch war ein Verständnis füreinander zustande gekommen, das in dieser Tiefe vorher nicht vorhanden gewesen war.

Ich war sehr dankbar dafür, den Mut gehabt zu haben, für mich einzustehen, und darüber hinaus war ich zutiefst berührt davon, erleben zu dürfen, welch positive Resonanz im Miteinander entstehen kann.

Diesen Mut hatte ich als junge Frau leider nicht. Ganz im Gegenteil: Es gab für mich viele Gründe, <u>nicht</u> Nein zu sagen – bis ich lernen durfte, **wie ein wertschätzendes Nein funktioniert.**

Bewusstheit ist
der Schlüssel zu
Veränderung.

GRÜNDE FÜR
KEIN NEIN

Eine Nachbarin möchte (zum wiederholten Male), dass du während ihrer Urlaubsabwesenheit die Pflege ihres Gartens übernimmst.

Dein Partner möchte, dass du eine umfangreiche Aufgabe für ihn erledigst, obwohl du selbst kaum Zeit hast.

Dein Chef möchte, dass du noch vor deinem Urlaub zwei weitere Aufträge übernimmst und termingerecht fertigstellst.

Du denkst Nein und sagst trotzdem Ja – kennst du das? Warum wir in bestimmten Situationen kein Nein aussprechen (wollen), obwohl wir ein Nein denken und innerlich gern entsprechend handeln würden, hat unterschiedliche Gründe, die uns oft (und in ihrer Vielfalt) nicht bewusst sind. Mir selbst waren sie sehr lange Zeit nicht bewusst.

Das Wissen um diese Gründe ist jedoch wichtig, damit wir unbewusste Abläufe und Prozesse in uns besser verstehen können. **Erst wenn wir uns unsere Themen bewusst machen, sind wir in der Lage, diese aktiv zu verändern und damit Verantwortung für uns zu übernehmen.**

Einer der Hauptgründe für kein Nein ist Angst – in ihren unterschiedlichsten Facetten. Dem Thema »Angst« wenden wir uns jetzt in Liebe zu.

Die Angst, zu verletzen

Gerade im privaten Bereich, im Umgang mit Menschen, denen wir freundschaftlich verbunden sind, taucht häufig die **Angst oder Sorge auf, den anderen zu verletzen,** wenn wir anstelle des vermeintlich erwarteten Ja ein Nein aussprechen.

Dieser Gedanke – und es ist nur ein Gedanke – lässt uns innehalten, zögern und unsere eigenen Bedürfnisse zurückstellen oder vergessen. Dabei wissen wir nicht, ob es überhaupt wahr ist, dass wir den anderen mit einem Nein verletzen würden.

Wie ich feststellen durfte, trifft diese Befürchtung in den allermeisten Fällen nicht zu, denn Menschen, die uns mögen und lieben, haben ein Interesse daran, dass es uns gut geht.

Grundsätzlich haben wir bei jeder Bitte, die an uns herangetragen wird, eine Wahl. **Wir haben immer die Wahl, auf eine Bitte mit Ja oder mit Nein zu antworten.**

Wir dürfen uns bewusst machen, dass diejenigen, die eine Bitte an uns herantragen, in der Regel um diese Wahl wissen und von daher <u>nicht</u> zu 100 % mit einem Ja rechnen. Dein Gegenüber hat sich also in den meisten Fällen – unbewusst oder bewusst – auch auf ein Nein eingerichtet.

Wer eine Bitte an eine andere Person richtet, versucht damit, sich ein persönliches Bedürfnis zu erfüllen. Ein Nein als Antwort bedeutet für den Bittenden, dass sein Bedürfnis nicht wie gedacht erfüllt werden kann. Die gefragte Person steht für die Erfüllung der eigenen Bedürfnisse offensichtlich nicht zur Verfügung. Ein Strategiewechsel ist erforderlich, und das lässt so manchen unzufrieden werden. Häufig ist eben der Partner, die beste Freundin, ein bestimmter Freund oder Kollege die »Lieblingslösung«.

Wichtig: Jeder ist für die Erfüllung seiner Bedürfnisse selbst zuständig, sie liegen in der jeweils eigenen Verantwortung.

Wenn die Bitte oder Frage zum Beispiel eine gemeinsame Unternehmung betrifft, ist der Anfragende nun eventuell traurig, da er die Freizeit gern gemeinsam gestalten wollte. Er findet es schade, dass eine gemeinsame Unternehmung derzeit nicht möglich ist.

Das ist eine ganz normale Reaktion. **Unsere Gefühle sind unsere Wegweiser** und zeigen uns auf, ob **unsere Bedürfnisse erfüllt oder nicht erfüllt sind.** Wenn also das Bedürfnis des Anfragenden nicht erfüllt worden ist, wird zwangsläufig ein Gefühl ausgelöst, das der Kategorie »nicht erfüllte Bedürfnisse« entspricht. Er ist dann zum Beispiel traurig, ärgerlich oder frustriert.

Wäre ein wahrhaftiges Ja die Antwort gewesen, wäre das Bedürfnis des Anfragenden erfüllt worden und folglich sein Gefühl ein anderes gewesen. Er wäre zum Beispiel froh, erleichtert oder glücklich.

Daher ist es so elementar wichtig, dass wir uns **unserer Gefühle** bewusst werden. **Sie sind ein sicheres Signalsystem für das Erkennen unserer Bedürfnisse.**[*]

Die von unserem Gegenüber gezeigten Gefühle geben uns folglich auch Hinweise auf dessen Gemütszustand. Meiner Erfahrung nach wird es als sehr angenehm empfunden, wenn man darauf angesprochen wird, zum Beispiel so: »Bist du jetzt ärgerlich, weil ich keine Zeit für dich habe?«

Wenn wir in dieser Weise die Gefühlslage hinterfragen, laden wir zu einem offenen und ehrlichen Dialog ein, und diese Einladung wird in der Regel gern angenommen.

---

[*] Wer mehr über die Hintergründe von Gefühlen und Bedürfnissen wissen möchte, dem empfehle ich mein Buch *Wertschätzend kommunizieren – achtsam miteinander umgehen. Einfühlsamkeit verstehen und leben* (erschienen 2016 im Schirner Verlag).

Vielleicht ist es aber auch einfach schön zu wissen, dass wir als Mensch, Freund, Kollege wertgeschätzt werden, wenn Bedauern geäußert wird, dass wir nicht zur Verfügung stehen.

Ist dagegen die Person, die unser Nein hört, zum Beispiel ärgerlich, böse oder genervt, so ist das zum einen (wie oben beschrieben) der Hinweis darauf, dass ihre Bedürfnisse nicht erfüllt worden sind. Zum anderen ist sie sich eventuell unserer Wahlmöglichkeit nicht bewusst. Sie darf an dieser Stelle noch etwas über die Wahrung der Persönlichkeitsrechte anderer lernen.
Gleichzeitig können wir selbst milder sein, wenn wir erkennen, dass jemand einfach nur versucht, sich **sein** Bedürfnis zu erfüllen.

Zurück zu dem Gedanken, dass wir andere mit einem Nein »verletzen« könnten.
Das, was den anderen schmerzt, ist **dessen Bewertung der Situation bzw. des Nein.**
Zum Beispiel: Wenn jemand denkt, dass er nicht gemocht werde und deswegen eine Absage erfolgt sei, hat das andere emotionale Auswirkungen, als wenn er weiß, dass die Absage erfolgte, weil zu diesem Zeitpunkt bereits ein Termin besteht.

Wichtig ist, dass wir die Verantwortung für **unser** Leben und für **unsere** Entscheidungen übernehmen. Wir wissen nicht zu 100 %, was das Beste für unser Gegenüber ist. Vielleicht ist ein Nein auf seine Bitte in dem Moment genau das Richtige, um ihn selbst den besten Weg für sich finden zu lassen.

Deine Aufgabe ist es also, dich in Liebe und Wertschätzung deinen persönlichen Angelegenheiten zuzuwenden und hierfür die Verantwortung zu übernehmen.
Die Angelegenheit deines Gegenübers ist es wiederum, mit deinem Nein umzugehen und für sich das Beste daraus zu machen.

Leider ist es in der Realität häufig so, dass wir uns zuallererst in den Angelegenheiten anderer aufhalten. Wir glauben zu wissen oder versuchen zu erraten, was jetzt das Beste für jene Person ist, und verlieren damit unsere eigenen Angelegenheiten aus dem Auge.

Zu den unterschiedlichen Kategorien von Angelegenheiten in unserem Leben komme ich im folgenden Kapitel. Es ist ein essenzielles Thema, dessen Verständnis uns in großem Maße dabei unterstützen wird, ein Nein auszusprechen.

Wir haben immer die Wahl, ein Ja oder ein Nein auszusprechen.

Hinterfrage dich selbst: Rechnest du immer, das heißt zu 100 %, mit einem Ja, wenn du eine Bitte an eine andere Person richtest?

(Ich bin mir sicher, dass das nicht der Fall sein wird.)

Die Angst, abgelehnt zu werden

Tief in uns allen verborgen ist der Wunsch, gemocht und geliebt zu werden. Wir wollen wahrgenommen werden und in unserem Umfeld als eine verlässliche und wertvolle Person gelten. Dieses Bedürfnis ist so machtvoll, dass wir dabei jene Bedürfnisse, die wir darüber hinaus haben, vergessen oder bewusst hinter die Erfüllung der Bedürfnisse anderer zurückstellen. Dann sind wir selbst uns nicht wichtig genug und vergessen, es **uns** recht zu machen.

Wenn wir unsere eigenen Bedürfnisse kontinuierlich ignorieren, beschädigen wir unser Selbstwertgefühl und werden unzufrieden. Irgendwann sind wir schließlich ärgerlich auf die anderen, weil diese in unserer Wahrnehmung uns zu viel aufbürden und abverlangen.
Dabei lassen wir vollkommen außer Acht, dass es nicht die Aufgabe anderer ist, gut für uns zu sorgen, sondern dass wir diese selbst zu übernehmen haben.
Andere können nicht zu 100 % wissen, was wir in einem bestimmten Moment fühlen und brauchen. Unsere Erwartungserhaltung ist jedoch, dass sie es wissen.
Sollten wir also in einem bestimmten Moment nicht wissen, was wir brauchen, so ist es unsere Aufgabe, es herauszufinden. Erst dann können wir gut für uns sorgen und gegebenenfalls mitteilen, was **jetzt gerade für uns wichtig** ist.

Wenn wir diese Klarheit für uns gefunden haben, entsteht eine innere Kraft und Stärke, die uns dabei unterstützt, unser Anliegen bzw. unsere Entscheidung auszudrücken und auch nachhaltig für sie einzustehen.
Wie das genau geht, werde ich etwas später erklären.

Unabhängig davon werden wir von Personen, für die wir alles tun, häufig nicht als »wertvoll« angesehen, da wir ja mit uns selbst nicht gut umgehen.

Warum sollten andere sich uns gegenüber achtsam verhalten, wenn wir es selbst nicht tun?

Das heißt, wir ziehen in solchen Zeiten unbewusst Menschen in unser Leben, die gern nehmen, jedoch freiwillig nicht viel geben. Oft fühlen wir uns dann »ausgenutzt«, obwohl wir den Rahmen des Gebens bestimmt bzw. ein Ja anstelle eines klaren Nein ausgesprochen haben.

Gibt es Personen in deinem Umfeld, von denen du vermutest, dass sie dich ausnutzen?
Überprüfe, ob du selbst dir gegenüber wertschätzend bist.
Achte gut auf dich, dann achten dich auch andere.

Die Angst, sich nicht durchsetzen zu können

Ich verzichtete früher immer wieder auf klärende Gespräche, da ich einfach keine Vorstellung davon hatte, wie ich meine Sichtweise friedlich, jedoch bestimmt hätte vertreten können. Leider wurde ich danach regelmäßig ärgerlich, weil ich Situationen über mich ergehen ließ, hinter denen ich nicht von Herzen stand. Wenn ich dann später doch noch in ein Gespräch ging, war dieses von Ärger geprägt, druckvoll und damit überhaupt nicht auf Wertschätzung oder Lösungsorientiertheit ausgerichtet. Es entwickelte sich ein echter Teufelskreis, den ich allerdings mit den Regeln der »vier Schritte« (siehe Seite 55 ff.) gut in den Griff bekam und überwinden konnte.

Oft fehlen uns Argumente für unsere Position, oder wir wissen nicht, wie wir unser Anliegen in Frieden mitteilen können. Wir geben auf bzw. klein bei, bevor wir unsere Chance auf ein Gespräch überhaupt genutzt haben.

Mit den Regeln und Tipps im Kapitel »Wie geht das, Nein sagen?« erhalten wir eine Anleitung für unsere Argumente. Eine **klare Struktur für das Neinsagen** wird es uns erleichtern, den roten Faden im Gespräch zu erkennen und festzuhalten.

Unabhängig davon möchte ich an dieser Stelle noch einmal auf die Wahlmöglichkeit, die wir bei einer Bitte immer haben, zurückkommen. Diese Wahlmöglichkeit räumt uns meiner Erfahrung nach grundsätzlich eine 50 %ige Chance auf ein Ja ein. Wenn wir also auf ein Gespräch verzichten, verzichten wir gleichzeitig auf diese Chance, das zu bekommen, was uns persönlich wichtig ist – weil wir schlicht nicht danach fragen bzw. dem Gespräch aus dem Weg gehen.

Hast du einen Wunsch? Äußere ihn!
Brauchst du Unterstützung? Erbitte sie!
Was auch immer es ist, sprich das Thema an, <u>ohne</u> vorher innerlich zu bewerten, ob es sinnvoll ist und/oder funktioniert.

Probiere es aus, und notiere dir ein bis zwei Wochen lang, wie viele deiner Anliegen positiv, dass heißt in deinem Sinne, beantwortet worden sind.

Betrachte anschließend dein Ergebnis. Hättest du es in dieser Form erwartet?

Wie schon erwähnt, machte ich diesen Test auch einmal, sogar über einen Monat lang. Mit einem für mich sehr erstaunlichen Ergebnis: Meine Quote lag bei rund 85 %. Das heißt, ich bekam sehr viel häufiger das, was ich wollte, als ich es vermutet hatte.

Daher bin ich der Ansicht, dass bei einem Gespräch die Chance, das zu bekommen, was einem wichtig ist, deutlich über diesen 50 % liegt, die grundsätzlich ohnehin vorhanden sind.

Also, es lohnt sich in jedem Fall, den Extraschritt in ein klärendes Gespräch zu gehen oder eine Bitte zu äußern.

Angst vor Konsequenzen

»Wenn ich auf der Arbeit Nein sage, werde ich vielleicht meinen Job verlieren.«
»Wenn ich meiner Nachbarin die Gartenpflege absage, wird die dann noch nett zu mir sein?«
»Wenn ich meiner Freundin/meinem Freund eine Absage erteile, wird sie/er ärgerlich sein und mich das nächste Mal nicht mehr in die Freizeitplanung mit einbeziehen?«

Diese und ähnliche Aussagen habe ich schon häufig gehört. Natürlich werden wir Reaktionen erhalten, wenn wir ein Nein aussprechen, jedoch keine derart negativen, wie sie unser Kopf vermutet.
Meine persönlichen Erfahrungen sind komplett andere, und auch von den Teilnehmern meiner Vorträge und Seminare, die versuchen, das Erlernte umzusetzen, bekomme ich völlig andere Rückmeldungen – nämlich positive.

Nein, sie verlieren nicht den Job, ganz im Gegenteil. Sie erhalten Respekt und Wertschätzung.

Warum? Wenn wir wertschätzend Nein sagen, reden wir im Wesentlichen von unseren persönlichen Gründen und von unserem Bedürfnis, das wir uns zu erfüllen versuchen und uns wichtig ist – wichtiger als das Bedürfnis einer anderen Person.

Das heißt, wir haben uns zu dem Sachverhalt Gedanken gemacht und ein Resümee gezogen. Wir haben nicht einfach Nein gesagt, weil wir unmotiviert sind, sondern weil es in unserem Leben wichtige Gründe gibt, die dagegen sprechen.

In der Folge werden wir mit unserem Gegenüber in ein Gespräch kommen, in dem eine Lösung möglich sein wird, die vielleicht sogar noch besser ist als die ursprünglich angedachte. In diesem Moment, und meist auch noch später, werden wir als interessanter Gesprächspartner wahrgenommen, der einen wichtigen Beitrag leistet und ernst genommen wird.

Unabhängig davon, und das wird gern vergessen, **treffen wir auch dann eine Entscheidung, wenn wir <u>nicht</u> aktiv eine direkte Entscheidung treffen.** Konsequenzen werden wir in jedem Fall zu tragen haben.

Meine Erfahrung ist, dass wir Konsequenzen, die wir aufgrund von eigenen, bewussten Entscheidungen zu tragen haben, viel besser annehmen und leichter mit ihnen in innerem Frieden leben können.

 Die Frage, die sich somit jeder von uns stellen darf, lautet: Möchte ich lieber die Konsequenzen der Entscheidungen, die ich selbst getroffen habe, tragen, oder aber die Konsequenzen der Entscheidungen, die andere für mich getroffen haben.

Wir brauchen Ruhe und wollen
oder können nicht darüber reden oder diskutieren

In der Tat, manchmal ist es einfach so: Wir brauchen Ruhe. Wir hatten zum Beispiel einen harten Arbeitstag. Der Partner oder die Kinder haben diverse Wünsche und spüren genau, wenn wir nicht in unserer Kraft sind, ein Nein auszusprechen, und deswegen etwaige Diskussionen (um für unsere Werte einzustehen) vermeiden möchten.

Damit geht jedoch häufig ein schlechtes Gefühl einher, da wir in unserer Wahrnehmung unseren Prinzipien untreu geworden sind. Wir sind mit uns unzufrieden und machen uns Vorwürfe und damit klein. Unser Selbstwertgefühl sinkt.

Unser Bedürfnis nach Ruhe ist jedoch in diesem Fall so groß, dass wir andere Bedürfnisse, die wir ebenfalls haben, unterordnen.

In unserem täglichen Leben ist es völlig normal, dass wir Bedürfnisse haben, die in Konkurrenz zueinander stehen.

In der Regel sind wir uns konkurrierender Bedürfnisse nicht bewusst, sodass wir nicht die Möglichkeit haben, aktiv eine Entscheidung zu treffen. Infolgedessen sind wir dann mit uns unzufrieden.

Wenn wir uns unsere **konkurrierenden Bedürfnisse** bewusst machen, sind wir in der Lage, uns aktiv für das eine oder das andere Bedürfnis zu entscheiden bzw. sie in eine neue Reihenfolge zu bringen, die jetzt für uns passend ist.

Dann sind wir nicht etwa inkonsequent, sondern wir erkennen an, dass zum Beispiel Ruhe (wie im Beispiel oben) auf der Liste unserer Bedürfnisse gerade eine so hohe Priorität hat, dass wir ihr andere Bedürfnisse, zum Beispiel einen geordneten Haushalt, unterordnen.

Wenn wir also unser übergeordnetes Bedürfnis erkennen und es in Liebe annehmen können, sind wir in der Lage, ein bewusstes Ja für diese aktuelle Situation aussprechen. Dann sind wir uns selbst treu geblieben und haben gleichzeitig das, was uns grundsätzlich wichtig ist, im Auge behalten.

Sich aktiv mit seinen Bedürfnissen auseinanderzusetzen, führt in der Regel dazu, neue Entscheidungen treffen zu können, die einen zu Gelassenheit, Ruhe und Lebensfreude führen.

Das sind also die in der Praxis am häufigsten auftretenden Gründe dafür, kein Nein auszusprechen. Sie sind, wie wir gesehen haben, sehr vielfältig.

Alle sind sie geprägt von dem Wunsch nach Liebe und Anerkennung.
Liebe und Anerkennung können wir jedoch durch das Zurückstellen unserer Bedürfnisse oder das Aufgeben unsere Werte (und damit in letzter Konsequenz das Aufgeben unserer Persönlichkeit) niemals erlangen.

Solch ein Versuch muss grundsätzlich scheitern, da …

✳   Liebe nicht verdient werden kann,
✳   Liebe grundsätzlich ein Geschenk ist und
✳   Liebe absolut bedingungslos ist.

Wenn wir so geliebt werden wollen, wie wir sind, brauchen wir vorab den Mut, uns so zu zeigen, wie wir sind. Es braucht die Courage, wir selbst zu sein und in Liebe zu unseren Bedürfnissen, Werten und Zielen zu stehen.

Erst wenn wir uns wahrhaftig zeigen und alle Beteiligten offen und ehrlich ihre Karten auf den Tisch legen, sind echte, wertschätzende Kompromisse, mit denen beide Seiten zufrieden sein können, möglich.

Sich seinen Bedürfnissen zuzuwenden, ist vor allem in Situationen, in denen wir anfangs nicht wissen, was wir brauchen, extrem wichtig. Erst wenn wir unsere unterschiedlichen Bedürfnisse kennen, sind wir in der Lage, eine Entscheidung zu treffen, die uns auch im Frieden mit uns selbst sein lässt.

Während eines Urlaubs stand ich zum Beispiel immer wieder vor dem Dilemma, mein Körpergewicht halten und gleichzeitig das meist leckere Essen ausprobieren und genießen zu wollen. Ich hatte zum einen das Bedürfnis nach Stabilität, in diesem Fall hinsichtlich meines Körpergewichts, und zum anderen ein Bedürfnis nach Lebensfreude, Gelassenheit und Genuss.

Nachdem ich mir diese unterschiedlichen Bedürfnisse klargemacht hatte, entschied ich mich aktiv dafür, das Essen im Urlaub zu genießen, jedoch bewusst auf gesunde Ernährung mit viel Obst, Fisch und Gemüse zu achten. Inzwischen fahre ich grundsätzlich mit dieser aktiven Entscheidung in den Urlaub – und mein Gewicht bleibt unverändert.

Respekt ist, wenn ich anerkenne, dass jeder seinen Weg in seinem eigenen Tempo gehen darf.

DIE DREI
ANGELEGENHEITEN

Als ich mich seinerzeit in der Trennungsphase von meinem Mann befand, stellte ich fest, dass sich meine Gedanken hauptsächlich um ihn drehten. Ich glaubte zu wissen, was das Beste für ihn und für mich sei.

Mein Kopf hatte sehr wohl verstanden, dass das nicht der Realität entsprach, jedoch funktionierte jener Automatismus in mir, mich um die Angelegenheiten anderer zu sorgen, noch einwandfrei. Ich hatte es viele Jahre lang und von unterschiedlichen Seiten her eingetrichtert bekommen, dass es meine Aufgabe sei, mich um andere zu kümmern und mein eigenes Leben hintanzustellen.

Jetzt allerdings wollte ich aus diesen Mustern heraus und schrieb daher auf eine Karte die freundliche Anregung: »Überprüfe, in welcher der drei Angelegenheiten du dich gerade aufhältst.« Diese Karte platzierte ich mitten auf meinem Schreibtisch.

Am Anfang war es sehr schwierig, mich ausschließlich meinen Angelegenheiten zuzuwenden. Nach wenigen Wochen wurde es allerdings sehr viel leichter. Und kurze Zeit später freute ich mich geradezu, wenn ich wieder feststellen durfte, dass eine anstehende Angelegenheit nicht meine eigene war.

Meine Freude über diese Erkenntnis war deswegen so groß, weil sie es mir wieder und wieder gestattete, viel Zeit und Kraft zu sparen – und mich den Dingen zuzuwenden, bei denen ich wirklich etwas bewegen konnte, nämlich meinen.

In unserem Leben gibt es drei unterschiedliche Angelegenheiten. Diese zu kennen und zu verstehen, unterstützt uns dabei, uns von großen Lasten zu befreien, die wir uns in der Regel selbst auferlegt haben.

Diese drei Angelegenheiten sind:

* **meine eigenen** Angelegenheiten
* die Angelegenheiten **anderer** Menschen
* die Angelegenheiten von **Gott**

Unter den **Angelegenheiten von Gott** verstehe ich all das, was täglich im Außen stattfindet und worauf wir keine Möglichkeit der Einflussnahme oder der Gestaltung haben, zum Beispiel das Wetter, die Jahreszeiten, Tag und Nacht, Ebbe und Flut und so weiter.

Wir dürfen lernen, diese Angelegenheiten anzunehmen und täglich das Beste daraus zu machen. Bei Regen brauchen wir einen Schirm, bei Schnee einen dicken Mantel und bei Sonnenschein und 30 °C im Schatten womöglich einen Sonnenhut.

Wir können über das Wetter ärgerlich sein, falls es nicht in unsere Wochenendplanung passt, aber es wird sich trotzdem nicht ändern.

Wie sieht es mit den **Angelegenheiten anderer Menschen** aus? Haben wir auf diese Einfluss? Können wir nachhaltig bestimmen, was andere tun oder lassen sollen? Und das Wichtigste: Ist das unsere Angelegenheit?

Nein. Tatsache ist, dass wir eben nicht nachhaltig über andere Menschen bestimmen können. Wenn der Partner gehen möchte, wird er irgendwann gehen, auch wenn wir es nicht möchten. Wenn der Chef seine Firma auflösen will, wird er es tun, denn seine Gründe dafür werden ihm wichtiger sein als die Bedürfnisse seiner Mitarbeiter.

Wenn ein Geschäftspartner den ihm vorgelegten Vertrag nicht unterschreiben möchte, wird er es nicht tun.

So einfach ist das. Wir haben andere nicht »im Griff« und können sie nicht nachhaltig kontrollieren. Unser Bedürfnis nach Kontrolle, das wir uns unbewusst zu erfüllen versuchen, wenn wir uns in den Angelegenheiten anderer Menschen aufhalten, kann somit niemals wirklich befriedigt werden.

Sie sind, vor allen Dingen ganz am Anfang ihres Lebens, auf die bedingungslose Liebe, Achtsamkeit und auf das Verständnis der Eltern angewiesen und von diesen komplett abhängig.

Die Eltern (bzw. entsprechend autorisierte Personen) sind erziehungsberechtigt und gleichzeitig verantwortlich für die ihnen anvertrauten Kinder. Kinder und ihre Angelegenheiten sind also, gleichwohl sie »andere Menschen« sind, Angelegenheiten ihrer Eltern – zumindest bis zum Erreichen der Volljährigkeit.

Betrachte ehrlich, ob vielleicht auch du dich ungefragt oder ungebeten in den Angelegenheiten anderer aufhältst (ähnlich wie in der folgenden Geschichte von Johanna und ihrer Tochter Mara).

Nutze deine Kraft und Energie lieber dort, wo du auch Erfolge feiern kannst, und wende dich in Wertschätzung deinen eigenen Angelegenheiten zu.

Schreibe dir zur Unterstützung eine entsprechende Karte, und stelle sie an einem Ort auf, wo du sie gut im Blick haben wirst.

Folgende Geschichte aus meinem Bekanntenkreis hat mir deutlich gezeigt, wie wichtig die Unterscheidung zwischen den eigenen und den Angelegenheiten anderer ist, und ist mir seitdem eine Mahnung:

Johanna ist die Mutter der 40-jährigen Mara. Mara hat zwei Kinder im Teenageralter und ist seit Kurzem alleinerziehend. Johanna macht sich Sorgen um Mara aufgrund dieser neuen Situation.

Ihrer Ansicht nach wäre es am besten, wenn sich Mara eine neue, günstigere Wohnung suchen würde. Diese wäre zum einen frei von Erinnerungen

Sich selbst treu sein
bedeutet
authentisch sein!

DIE KINDHEIT
ALS MOTOR

Als sogenanntes Scheidungskind durfte ich erleben, wie die Selbstverständlichkeiten und auch die Sicherheit, die eine Familie bieten, plötzlich nicht mehr vorhanden waren. Das Geld wurde knapp und der Alltag schwieriger. In mir entstand eine Existenzangst, die lange Zeit mein Begleiter blieb.

Damals schon wurde mir bewusst, wie illusorisch es sein kann, durch andere Menschen in meinem Leben Beständigkeit und Sicherheit erhalten zu wollen. Gleichzeitig stellte ich mir immer wieder die Frage, ob auch mein eigenes (kindliches) Verhalten zum Zerbrechen der Familie beigetragen habe.

In der Folge war bei mir der Wunsch, in einer partnerschaftlichen Beziehung zu leben, stark ausgeprägt und führte dazu, dass ich meine Gedanken als nicht so wichtig oder richtig einstufte und glaubte, andere würden meinen Weg besser kennen als ich.

Gleichzeitig bestand eine Angst, verlassen zu werden und dann nicht mehr zu wissen, wie es in meinem Leben weitergehen würde. Schließlich hatte ich diese belastende Situation ja bereits als Kind erlebt.

Hinsichtlich meiner späteren Beziehungen waren diese Gedanken und Befürchtungen ein fataler Irrtum. Erst als ich lernte, für mich einzustehen und meine Existenzängste liebevoll zu transformieren, nahm mein Beziehungsleben eine glückliche Wendung.

Wie wir in den vorigen Kapiteln gesehen haben, gibt es unterschiedlichste Gründe dafür, warum wir kein Nein aussprechen und uns eben nicht trauen, in Liebe und Wertschätzung uns unseren eigenen Angelegenheiten zu zuwenden. Unserer Kindheit und ihren Prägungen kommt diesbezüglich eine sehr große Rolle zu.

In letzter Konsequenz geht es immer um Folgendes: Wir wollen geliebt werden – und dafür sind wir bereit, viel zu tun, auch zu vergessen, dass wahre Liebe bedingungslos ist. Eine Liebe von Herzen bedeutet, den anderen so anzunehmen, wie er ist, mit all seinen Facetten.

Bedingungslose Liebe haben jedoch viele von uns weder in der Kindheit noch danach erleben dürfen. Wir erlebten, dass wir nicht geliebt wurden, wenn wir so waren, wie wir sind, sondern nur dann, wenn wir funktionierten, brav waren, den Vorstellungen von Eltern, Großeltern, Lehrern usw. entsprachen.
Dadurch haben unbewusst viele Prägungen stattgefunden.

Als Kind sind wir in großem Maße von unseren Eltern und anderen Erwachsenen in unserem Umfeld abhängig. Intuitiv wissen wir als Kind, dass wir diese »Versorger« zum Überleben dringend brauchen. Kinder sind sensibel und entwickeln Antennen, die Ihnen mitteilen, ob es ihren Eltern gerade gut geht oder ob ihnen etwas fehlt. Sie lernen schon ganz früh, wie sie dazu beitragen können, dass sie den Eltern gefallen – damit es diesen »gut« geht und folglich umso lieber für sie sorgen wollen und können.

Tief dahinter steckt die **Angst, nicht zu gefallen oder nicht »richtig« zu sein, und somit die Befürchtung, verlassen zu werden und allein zu sein.**

Aufgrund dessen entwickeln Kinder unbewusst unterschiedliche Strategien, um ihr Überleben zu sichern. Der Familienverband bietet die Sicherheit, die sie brauchen, um die Jahre der Kindheit und der Jugend zu überstehen, bis sie in der Lage sind, selbst für sich zu sorgen und einzustehen.

Sie beobachten ihr Umfeld und wissen irgendwann intuitiv, was zu tun ist, um **Aufmerksamkeit,** was für Kinder oftmals auch gleichzeitig **Liebe** bedeutet, sowie Schutz und Sicherheit zu erhalten, insbesondere von den Eltern.

Manche Kinder sind **artig, lieb und brav** und ordnen sich in der Not unter, gehen »aus dem Weg«, wenn dies sicherer ist, und machen sich fast **unsichtbar,** da sie festgestellt haben, dass sie damit – vor allen Dingen in einem streitbaren oder gewalttätigen Haushalt – die besten Überlebenschancen haben.

Andere wiederum werden **laut, aggressiv und schlagen über die Stränge,** um gesehen zu werden und Aufmerksamkeit zu bekommen, oder sie werden zum **Clown,** wenn das Familiensystem über Humor zusammengehalten wird.

Diejenige Strategie, die wir als Kind wählten, ist derart fest in uns verankert, dass wir sie auch als Erwachsener noch anwenden, wenn wir auf der Suche nach Aufmerksamkeit und Liebe sind.

Und so glauben wir, verlassen zu werden, wenn wir nicht das tun, was andere vermeintlich von uns erwarten. Wir glauben, nicht wertvoll und liebenswert zu sein, wenn wir nicht bestimmten Vorstellungen anderer entsprechen. Wir glauben unbewusst noch immer, dass wir nicht überleben können und »verloren« sind, wenn bestimmte Menschen aus unserem Leben gehen. Glaubenssätze dieser Art halten uns in alten Strukturen fest, begrenzen uns und lösen Stress in uns aus. Es ist förderlich, diese zumeist unwahren Glaubenssätze in sich zu entdecken und in Glaubenssätze zu transformieren, die hilfreich und lebensbejahend sind.

Wenn wir, um gemocht und geliebt zu werden, sei es von unseren Eltern, dem Partner, dem Vorgesetzten oder unseren Freunden, unsere Bedürfnisse außer Acht lassen, dann bedeutet das gleichzeitig, **dass wir die Bedürfnisse anderer Menschen als wichtiger als die unseren einschätzen.**

* Wie soll das zu unserem Wohlgefühl beitragen?
* Wie kann das unser Selbstwertgefühl stärken?
* Wie können wir mit dieser Einstellung glücklich und zufrieden werden?
* Wie können wir damit von anderen Respekt und Wertschätzung erhalten?
* Und wie können wir damit gesund bleiben oder werden?

Ein derartiges Ignorieren und **Unter-drücken** unserer eigenen Bedürfnisse und folglich unserer Gefühle wie Wut oder Ärger macht krank.

Wer kennt das nicht: **Bauchschmerzen,** die plötzlich entstehen, wenn wir nicht auf unseren Bauch gehört haben, **Ohrenschmerzen (oder gar ein Hörsturz),** wenn wir Gesagtes nicht mehr hören und ertragen können oder **Kopfschmerzen bis hin zur Migräne,** wenn andere oder wir selbst uns Druck machen.

Die Liste der Krankheiten, mit denen unsere Seele uns zeigt, dass sie mit unserem Lebenswandel nicht einverstanden ist, ist lang und vielfältig. Sollte dich das Thema »Krankheiten und seelische Ursachen« eingehender interessieren, so wirst du im Anhang unter den »Empfehlungen« entsprechende Literatur finden.

Was wir uns **heute ganz deutlich bewusst machen** dürfen, ist die Tatsache, dass wir inzwischen erwachsen sind und unsere Eltern oder auch andere Erwachsene für das Überleben <u>nicht</u> mehr benötigen. **Wir sind heute in der Lage, aus eigenem Antrieb heraus gut für unser Leben zu sorgen.** In kritischen Fällen erhalten wir Unterstützung auf vielfältige Weise von Menschen und Institutionen, die uns dann durch diese herausfordernde Phase des Lebens begleiten.*

Wenn wir Nein sagen, gehen wir aus dem von Angst begleiteten Überlebensmodus unserer Kindheit heraus und **übernehmen sofort mutig die Verantwortung** für unser Leben.

Ja, es gehört Courage dazu, für seine Werte und Ziele einzustehen, aber Partnerschaften jeder Art können nur so funktionieren. Natürlich ist es wichtig, auch Rücksicht zu nehmen, aber es ist ebenso wichtig, zugleich sich selbst treu zu bleiben.

Andere können somit über uns als Erwachsene nur in dem Rahmen bestimmen, in dem wir es zulassen. Daher ist es unsere Aufgabe, rechtzeitig ein Stopp-Signal zu setzen und/oder ein Nein auszusprechen, wenn wir etwas nicht möchten.

---

* Ich persönlich bin glücklich, in Deutschland zu leben. Hier kann ich auf vielfältige Weise Unterstützung erhalten und Nein sagen, ohne um mein Leben fürchten zu müssen. In Vergleich zu manchen anderen Staaten ist das ein paradiesischer Zustand.

Es ist <u>nicht</u> die Aufgabe anderer, zu erraten oder zu wissen, wo unsere Komfortzone zu Ende ist und ab wo wir uns folgerichtig nicht mehr wohlfühlen.

Wenn du also denkst: »Ich fühle mich nicht mehr wohl in meiner Haut«, dann ist das ein sicheres Indiz dafür, in deinem Leben eine neue Richtung einzuschlagen, auf dass du dich in deiner Haut wieder wohlfühlen wirst.

Wenn also eine Frage oder Bitte an uns gerichtet wird, haben wir, wie schon erwähnt, allzeit eine Wahl. Es ist elementar wichtig, diese Wahlmöglichkeit, die grundsätzlich besteht, zu verinnerlichen. Es besteht immer die Möglichkeit, ein **Ja** oder ein **Nein** als Antwort zu geben. Die alles entscheidende Frage, die nur du dir beantworten kannst, lautet wie folgt:

»Will ich das?«
Um diese Frage wertschätzend und erfolgreich beantworten zu können, benötigen wir ein ganz **individuelles »Navigationssystem«.**
Dieses Navigationssystem sind **unsere Gefühle. Sie zeigen uns an, ob jene Bedürfnisse, die jetzt gerade in uns lebendig sind, erfüllt sind oder nicht.**

Fühlen wir uns …

aktiv	erleichtert	motiviert
ausgeglichen	fasziniert	neugierig
ausgelassen	freudig	ruhig
begeistert	friedlich	schöpferisch
berührt	froh	selbstsicher
beruhigt	geborgen	stabil
beschwingt	gelassen	überwältigt
bewegt	glücklich	vergnügt
dankbar	heiter	vertrauensvoll
dynamisch	hoffnungsvoll	verzaubert
energievoll	inspiriert	zufrieden
entspannt	lebendig	oder
erfüllt	locker	zuversichtlich

… **dann können wir davon ausgehen,** dass mit der Bitte, die an uns herangetragen wird, **eines oder auch mehrere unserer Bedürfnisse erfüllt werden.**
Dann sind wir auf einem guten Weg, Körper, Geist und die Seele in Balance zu halten und ein glückliches und erfolgreiches Leben zu führen.

Fühlen wir uns jedoch bei der Bitte, die an uns herangetragen wird, eher …

ängstlich	erschöpft	panisch
ärgerlich	erschrocken	pessimistisch
angespannt	frustriert	sauer
aggressiv	gehemmt	schockiert
ausgelaugt	hektisch	skeptisch
bedrückt	irritiert	traurig
bestürzt	konsterniert	verschlossen
beunruhigt	kraftlos	verstört
deprimiert	lustlos	verzweifelt
durcheinander	missmutig	wütend oder
empfindlich	müde	zornig

… dann ist das wiederum ein **klarer Hinweis** darauf, dass **unsere ganz persönlichen Bedürfnisse <u>nicht</u> erfüllt werden,** wenn wir dieser Bitte nachgehen.

In diesem Fall würden wir unsere tatsächlichen Bedürfnisse missachten. Das wiederum würde unweigerlich zu weiterer Unzufriedenheit unser selbst und der Menschen in unserem Umfeld führen und wäre ein sicherer Garant für ein Leben in Stress.

Du allein triffst die Entscheidung, ob du deinen Gefühlen folgst und auf deine Bedürfnisse achtest. Es liegt in deiner Verantwortung, gut für dich zu sorgen. Du hast es in den eigenen Händen, ob du ein unzufriedenes oder aber ein glückliches Leben führst.

Vielleicht wird der eine oder andere Mensch aus deinem Leben gehen, wenn du dich mit deinen Gefühlen und Bedürfnissen zeigst und für dich einstehst, auf dass du dich mit dir wohlfühlst. Auch das ist in Ordnung, denn schließlich wollen wir so geliebt werden, **wie wir sind.**

Wenn ein anderer uns nur deshalb ablehnt, weil wir gut auf uns und unsere Bedürfnisse achten und für uns sorgen, dann kann derjenige nicht wirklich an uns als Mensch interessiert sein.
Menschen, die uns wichtig sind und die wir lieben, unterstützen wir. Wir wollen, dass es ihnen gut geht und sie glücklich sind und nicht, dass sie ihre Werte aufgeben. Das ist ein ureigenes Bedürfnis von uns Menschen.

Es geht somit grundsätzlich <u>nicht</u> darum, es allen Menschen in unserem Umfeld »recht zu machen«, denn wer sind wir dann noch? Wir selbst? Nein! Ein **Nein** gegenüber einem anderen ist ein **Ja** zu uns selbst.

 Frage dich: »Will ich das, was jetzt gerade von mir erbeten wird?
Will ich das von Herzen, aus einer inneren Freude heraus?«

Wenn nicht, finde heraus: »Welche Bedürfnisse habe ich, die mir so wichtig sind, dass ich jetzt dieser Anfrage nicht nachgehen kann?«

Stelle dir vor, du würdest heute Abend zu einer Party gehen und es wäre dir wichtig, dass alle dort anwesenden Personen mit der Kleidung, die du trägst, zufrieden sind.

Natürlich könntest du eine Umfrage starten. Vermutlich würdest du so viele Meinungen und Anregungen bekommen, dass du am Ende deiner Umfrage genauso schlau wärst wie zuvor.

Wenn du zu guter Letzt das anziehst, worauf du Lust hast, wirst du dich darin wohlfühlen und entsprechend selbstbewusst auftreten können.

Was ich dir damit sagen möchte: Wir können es nicht allen recht machen, da wir alle unterschiedlich und einzigartig sind. Daher ist es so wichtig, dass wir erst einmal gut auf uns hören und **es uns selbst recht machen.**

Gelassen und mit
innerer Ruhe
dem Neuen im Leben
entgegenzugehen,
ist Reife.

BEREIT
UND WILLENS?

Schon als junges Mädchen besaß ich eine Gabe, die mich in meinem Leben sehr unterstützt hat: Sobald ich ein Problem erkannt oder eine Notwendigkeit erspürt habe, kann ich das Verstandene, also meine neuen Strategien umgehend umsetzen.

Ich war einfach neugierig darauf, was sich in meinem Umfeld verändert. Das aktive, bewusste Hineingehen in eine neue Situation ermöglichte es mir, ein direktes ehrliches Feedback zu erhalten. Die Menschen in meinem Umfeld hatten ja keine Ahnung davon, dass ich an ihnen etwas ausprobierte.

Es erstaunte mich immer wieder, wie leicht Gespräche und wie einfach Konflikte wurden, wenn ich sie auf eine wertschätzende Art thematisierte. Viel wichtiger waren mir allerdings die vielen positiven Erkenntnisse und Erfahrungen, die ich auf diese Art und Weise in kürzester Zeit gewinnen durfte. Diese Highlights machten mich mutiger und selbstbewusster und sind auch heute noch eine große Motivation für mich, mich mit Neuem auseinanderzusetzen.

Also, möchtest du nun gut für dich einstehen?

* Möchtest du wertschätzend mit dir und deinen Bedürfnissen umgehen?
* Bist du bereit, die Konsequenzen für dein Handeln zu tragen?
* Bist du bereit, die Verantwortung für dich zu übernehmen?
* Bist du willens, etwas Neues in deinem Leben auszuprobieren?

Ja? Super, dann werde ich jetzt erklären, worauf es bei einem wertschätzenden Nein ankommt.

Das ist ein Nein, das dein Gegenüber hören, verstehen und annehmen kann.

Ehrlichkeit bedeutet, darauf zu hören, was unser Leben bereichert, und dafür einzustehen

WIE GEHT DAS,
NEIN SAGEN?

Als ich die wertschätzende Kommunikation für mich entdeckte, gab es zwei Themen, die mich besonders beschäftigten: zum einen Situationen, die mir nicht gefallen, anzusprechen, und zum anderen, Nein zu sagen und wie. Mir war darüber hinaus wichtig, im Respekt und in der Achtsamkeit für mich und den anderen zu bleiben. Das war etwas, was ich damals noch nicht besonders gut konnte.

Um in meinem Leben Neues gut umzusetzen, brauchte ich Mut (den hatte ich), Erinnerungsstützen im Alltag (so entstanden meine Kommunikationskarten*) und bei umfangreichen Themen eine Anleitung, die mir das Umsetzen des Neuen erleichterte.
Dessen ungeachtet fand ich persönlich es stets sehr hilfreich, wenn ich ein anstehendes Gespräch nach einem Schema vorbereiten konnte und damit gleichzeitig in einen Gesprächsrhythmus kam, der sich nach kurzer Zeit automatisch einstellte.

Wenn jemand mit einer Frage an uns herantritt, sind wir in der Regel nicht darauf vorbereitet. Eine Ausnahme liegt vor, wenn es sich um eine Frage handelt, auf die wir schon sehr häufig mit einem Ja geantwortet haben, obwohl wir ein Nein gedacht haben.

---

* Meine Kommunikationskarten sind inzwischen als das Kartenset *Wertschätzend kommunizieren – achtsam miteinander umgehen. Einfühlsamkeit als Schlüssel zu Glück und Erfolg* (Schirner Verlag 2016) erschienen.

Gerade dieser Ausnahmefall eignet sich hervorragend dafür, uns auf das Neinsagen in Ruhe vorzubereiten und es dann später anzuwenden. Sollten dir jetzt spontan einige derartige Situationen einfallen, schreibe sie dir stichpunktartig auf. Du kannst dann später diese als Beispiele zum Üben verwenden.

Wenn jemand mit einer Frage an uns herantritt, sind zunächst **Klärung und Klarheit** von elementarer Bedeutung. Nur wenn wir vollständig verstanden haben, worum es eigentlich geht, können wir eine adäquate Entscheidung treffen – und wertschätzend Ja oder Nein sagen.

* Worum genau geht es?
* Worin besteht konkret die Bitte, die an uns herangetragen wird?
* Haben wir exakt verstanden, worum es geht?
* Sind uns alle Fakten bekannt?

Klärung und Klarheit sind die Basis für ein wertschätzendes Gespräch (und ein etwaiges Nein), denn es ist wichtig, dass wir und unser Gesprächspartner das Gleiche gehört und das Gleiche verstanden haben.
Sonst geraten wir schnell in Gespräche und Diskussionen, in denen aneinander vorbei geredet wird. Dann spricht man später gern von **Missverständnissen,** wobei schlicht nicht darauf geachtet wurde, zu Anfang des Gesprächs für Klärung und Klarheit zu sorgen.

Es ist empathisch und lösungsorientiert, in einem Gespräch eventuelle Unklarheiten gleich zu korrigieren und Gehörtes direkt zu wiederholen. Auf diese Weise verfolgen wir das grundsätzliche Ziel, korrekt gehört und verstanden zu werden, und das ist sehr gut investierte Zeit!

Habe ich richtig gehört ...?

»Habe ich richtig gehört, du möchtest heute mit mir
um 20 Uhr zum Sport gehen?«

Diese Standardfrage hat sich als hilfreich erwiesen. Damit beginnend fassen
wir kurz in eigenen Worten oder mit den Worten, die wir soeben gehört
haben, das Wesentliche zusammen.

Diese Frage bedeutet <u>nicht</u> zwangsläufig, dass wir das Gehörte verstanden
haben oder es akzeptieren bzw. der gleichen Meinung sind. Wir bleiben damit ganz neutral und wertungsfrei. Außerdem signalisieren wir auf unbe-
wusster Ebene, dass wir interessiert zuhören. Wir geben Empathie.

Das wird in der Regel von dem Sprechenden als angenehm empfunden. Wir
geben zu verstehen, dass wir **hin-gehört** haben und was konkret bei uns
angekommen ist.

**Wichtig: Das, was gesagt wurde, muss nicht zwingend dem entsprechen,
was beim anderen angekommen ist und gehört wurde.**

Interessanterweise ist es häufig so, dass jemand erst infolge der Rückfrage
vollständig versteht, was er gerade gesagt hat. Nicht selten erfolgt dann eine
Korrektur oder eine Vervollständigung der Bitte.

Sollten wir einen Teil der Ausführungen nicht vollständig gehört haben, ist
das die Gelegenheit, Klarheit zu schaffen.

Wenn wir Empathie geben, können wir zugleich kurz innehalten und so
eine entlastende Pause in das Gespräch einbringen. Es tritt Ruhe ein, eine
Beruhigung, die wir in diesem Moment selbst erschaffen. **Unser Kopf und
unser Körper nehmen wahr,** dass es sich nur um eine Anfrage oder Bitte
handelt.

Etwaige Verärgerung oder Ungeduld unsererseits, wenn wir eine Bitte hören, die in unserer ersten Wahrnehmung als »unangemessen« eingestuft
wird, kann so einer gewissen Gelassenheit weichen.

Durch die Kurzempathie bringen wir uns die gesunde Erkenntnis wieder ins Bewusstsein, dass wir auf eine Frage mit Ja oder Nein antworten können.

Und nun:

* Ist alles geklärt?
* Sprechen wir und unser Gegenüber mit Sicherheit von dem gleichen Sachverhalt – und frei von Bewertungen?
* Sind alle offenen Fragen geklärt, sodass eine Entscheidung getroffen werden kann?
* Perfekt!

Ein Nicken (visuelles Signal) oder ein kurzes Ja (akustisches Signal) zeigt an, dass eine Übereinstimmung hinsichtlich des Sachverhaltes erfolgt ist.
Wir und unser Gesprächspartner sind auf der gleichen Ebene, es ist eine Verbindung zwischen uns hergestellt worden und das gegenseitige Verständnis ist da.

Das alles ist elementar wichtig, vor allen Dingen für den nächsten Schritt, in dem wir das **Nein aussprechen,** also klar zum Ausdruck bringen: »**Ja, ich habe dich genau gehört – jedoch sage ich Nein.**«

Ich bedaure, nein …

»Ich bedaure, nein, heute komme ich nicht mit zum Sport.«

Du hast über dein Gefühl herausgefunden, dass du auf die Anfrage mit einem Nein antworten möchtest. **Gut, das steht dir zu.**
Stehe zu dir, zu dem, was dir wichtig ist, und zu deinen Bedürfnissen, die du dir zu erfüllen versuchst!

Zu uns selbst stehen bedeutet, anderen eben nicht immer alles, was sie von uns möchten, erfüllen zu können. Dieser Interessenkonflikt ist völlig normal, und wir brauchen deshalb kein schlechtes Gewissen zu haben!

Es ist unser Recht, unsere Pflicht und unsere Verantwortung, gut für uns zu sorgen. Deshalb brauchen wir uns auch <u>nicht</u> **zu recht-fertigen,** da unser Recht, in unserem Interesse zu handeln, bereits schon besteht und somit »fertig« ist.

Beispiel: »Es tut mir so leid, ich kann nicht mitkommen.«

Es besteht keine Notwendigkeit, aufgrund unseres Nein mit unserem Gegenüber Mitleid zu haben. Warum sollten wir **mit-leiden,** nur weil wir eine Bitte nicht erfüllen können oder wollen? Wozu?

Solches Mit-Leiden schwächt unser Energiesystem, da wir uns dann in den Angelegenheiten anderer Menschen aufhalten (siehe Seite 31 ff.). Gleichzeitig schwächen wir unser Gegenüber, da wir ihm nicht zumuten wollen und folglich nicht zutrauen, mit einem Nein adäquat und angemessen umzugehen. **Mit-Gefühl** zeigt Interesse, wir begegnen uns auf Augenhöhe und signalisieren gleichzeitig: »Du machst/schaffst das schon.«

»Ich bedaure, ich werde heute nicht mitkommen.«

Auf diese Weise geben wir zu verstehen, dass wir grundsätzlich Interesse haben, es jedoch **heute Gründe gibt,** die so wichtig sind, dass wir nicht mitkommen werden.

Darüber hinaus dürfen wir uns bewusst machen, dass unser Gegenüber uns unter vielen anderen ausgewählt hat und wir deshalb vermutlich für ihn wichtig sind. Er hat uns ausgesucht, da er der Überzeugung ist, dass wir für die Erfüllung seiner Bedürfnisse die beste Lösung, die »Lieblingslösung« wären.

Folgt auf unser wertschätzendes Nein eine Reaktion wie »Ach, das ist aber schade«, so ist das völlig normal. Mit unserem Bedauern haben wir zum Ausdruck gebracht, dass wir grundsätzlich an einem Miteinander interessiert sind. Das Gespräch bleibt auf Augenhöhe.

»Warum hast du denn jetzt keine Zeit?«
»Warum hast du das noch nicht erledigt?«

Wer kennt das nicht, dieses Nachfragen und Nachbohren, wenn wir einfach nur kurz und knapp Nein sagen (wollen).

Das liegt daran, dass unser Gegenüber gern verstehen möchte, wieso ein Nein anstelle eines Ja ausgesprochen wurde. Ein Warum ist der Wunsch, die Motivation für das Nein zu hören und damit verstehen zu können. Letztlich ist ein Warum immer die Frage nach unserem Bedürfnis, das der andere nicht erkennen kann – und das uns persönlich so wichtig ist, dass wir nicht mit Ja antworten konnten.

Darüber hinaus möchte unser Gegenüber gern herausfinden, ob es vielleicht Möglichkeiten gibt, unsere Meinung zu ändern.

Antworten wie die folgenden sind daher hinsichtlich eines gegenseitigen Verständnisses und somit der Möglichkeit, ein Nein annehmen zu können, kontraproduktiv:

»Das ist jetzt eben so!«
»Nimm doch einfach hin, was ich dir sage!«
»Ich möchte darüber jetzt nicht reden!«

Derartige Antworten dokumentieren in erster Linie, dass der Antwortende um seine eigenen Bedürfnisse nicht weiß, das heißt, die eigentlichen Gründe für sein Nein nicht kennt. In solch einer Konstellation sind beide Seiten unzufrieden, da jeder sich unverstanden und ungehört wahrnimmt.

Daher ist es elementar wichtig, dass wir, wenn wir ein Nein aussprechen, auch unser Bedürfnis nennen, das wir uns in diesem Moment zu erfüllen versuchen.
Dann teilen wir uns mit. **Mit-teilen** in dem Sinne, dass wir das, was in uns lebendig ist, mit unserem Gegenüber teilen, um gegenseitiges Verständnis und Achtsamkeit im Umgang entstehen zu lassen.

Was es mit unseren Bedürfnissen auf sich hat

Unsere Bedürfnisse sind unsere ganz persönlichen Antreiber. **Was auch immer wir tun, wir tun es immer (und meist unbewusst) in dem Versuch, uns ein Bedürfnis zu erfüllen. Und jedes Bedürfnis, das wir haben, steht uns zu.**

Bedürfnisse sind grundsätzlicher Natur, und jeder Mensch hat welche. Selbstverständlich haben nicht alle Menschen zur gleichen Zeit die gleichen Bedürfnisse. Wenn wir unser Bedürfnis erwähnen, spürt unser Gegenüber sofort, worum es geht, denn er kennt diese Bedürfnisse aus eigener Erfahrung. Durch die Nennung unseres Bedürfnisses entsteht eine Verbindung, die zu einem gegenseitigen Verständnis führt.

Dieses Verständnis ist notwendig, damit unser Gegenüber erkennen kann, dass der Entschluss für unser Nein **losgelöst von seiner Person gefasst worden ist.** Es sind Gründe, die in uns, **in der Person, die das Nein ausspricht,** liegen.

Zum einen gibt es **sachliche Gründe,** wenn wir etwa schon verabredet sind (Bedürfnis nach Verlässlichkeit), und zum anderen ganz **persönliche Gründe,** wenn ich zum Beispiel heute meinem Bedürfnis nach Ruhe nachgehen möchte.

Zum besseren Verständnis findest du im folgenden Überblick eine Auswahl an Bedürfnissen, sortiert nach Themenbereichen, die dir das Finden deiner Bedürfnisse erleichtern.

Grundbedürfnisse

Bewegung, Entspannung, Essen, Licht, Frieden, Gesundheit, Liebe, Schlaf, Sicherheit, Trinken

Bedürfnisse nach Authentizität

Eigenständigkeit, Entwicklung, Flexibilität, Individualität, Kommunikation, Lebensfreude, Kreativität, Mitbestimmung, Respekt, Selbstbestimmung, Selbstentfaltung, Selbstfindung, Vertrauen, Wertschätzung

Bedürfnisse nach Sinn

Entlastung, Freude, Information, Klarheit, Nützlichkeit, Ordnung, Schöpfertum, Spiritualität, Stabilität, Struktur, Wertschätzung, Zielorientiertheit

Bedürfnisse nach Gemeinschaft und Kontakt

Akzeptanz, Aufrichtigkeit, Balance von Geben und Nehmen, Empathie, Freundschaft, Geborgenheit, Klarheit, Kontakt, Mitgefühl, Rücksicht, Übereinstimmung, Unterstützung, Verständnis, Zugehörigkeit. Zuverlässigkeit

Bedürfnisse nach Lebensfreude

Gelassenheit, Leichtigkeit, Unterstützung

Das Bedürfnis zu finden, um das es uns jetzt in diesem Moment geht, ist am Anfang eine knifflige Aufgabe, da wir uns in der Regel zuvor nicht mit unseren Bedürfnissen auseinandergesetzt haben.

Auch ich lernte in meiner Jugend nicht, meine Bedürfnisse zu erkennen, und in der Folge auch nicht, auf sie zu achten. Ich kann mich nicht daran erinnern, dass mich irgendjemand nach meinen Bedürfnissen gefragt hätte. Infolgedessen fehlten mir hinsichtlich meiner Bedürfnisse jegliche Übung und auch ein Fokus auf Bedürfnisse im Allgemeinen.

Wenn eine Situation auftaucht, in der wir gern Nein sagen würden, geht es darum, dass wir das Bedürfnis finden, das zu erfüllen uns in diesem Moment wichtig ist.

Häufig sind wir hinsichtlich der Erfüllung unserer Bedürfnisse vom Fokus her bei einem anderen: Jener andere sollte unserer Wahrnehmung nach etwas Bestimmtes machen, nicht etwa wir.
Das spiegelt sich in einer entsprechenden Wortwahl wieder, zum Beispiel:

»Ich möchte, dass **du** früher aufstehst / früher ins Bett gehst / mehr Sport machst / mich mehr liebst.«

Damit bringen wir jedoch nur zum Ausdruck, was wir gern **von dem anderen möchten,** wir reden **nicht von uns.** Solange wir unser Bedürfnis nicht kennen, sind wir nicht in der Lage, uns dieses tatsächlich zu erfüllen. Ganz im Gegenteil, wir geben die Verantwortung an jemanden ab und begeben uns somit in eine Abhängigkeit. Was wird passieren, wenn der andere das, was wir möchten, einfach nicht umsetzt?

Es ist unsere Aufgabe, Angelegenheit und Verantwortung, uns in Liebe und mit Aufmerksamkeit unseren Bedürfnissen zuzuwenden. Erst dann können wir dazu übergehen, uns unsere Bedürfnisse zu erfüllen und lösungsorientiert zu handeln.

Unsere Bedürfnisse zu kennen, ist die Basis für einen stabilen Stand im Leben. Je besser wir unsere Bedürfnisse kennen, desto nachhaltiger können wir für uns einstehen und Verantwortung übernehmen.

Warum Ausreden nicht zielführend sind

Ausreden gilt es dringend zu vermeiden. Sie führen in der Regel dazu, dass wir uns schlecht fühlen, da wir in diesem Moment nicht gut für uns einstehen. Sie sind daher hervorragend dafür geeignet, unser Selbstwertgefühl zu schmälern und uns folglich zu schaden. Dadurch schwächen wir uns selbst und nehmen uns die Kraft, auch zukünftig gut für uns einzustehen.

Wenn wir eine Ausrede verwenden, spürt unser Gegenüber unbewusst unsere Unsicherheit und unser verringertes Selbstwertgefühl, was wiederum häufig dazu führt, dass er das Argument bzw. die Ausrede nicht akzeptiert. Daraus ergeben sich Dialoge, die in weitere Ausreden münden und für uns und unseren Gesprächspartner unbefriedigend sind.

Wir fühlen uns schlecht, sind ärgerlich, weil wir uns gedrängt fühlen, und haben dabei aus den Augen verloren, dass wir diese unbefriedigende Situation selbst verursacht haben, da wir nicht ehrlich und aufrichtig gewesen sind. Die anfragende Person ist ebenfalls unzufrieden, denn sie hat in ihrer Wahrnehmung alles getan und womöglich verschiedene Kompromisse angeboten.

Bei einer Ausrede hat unser Gegenüber keine Chance, Verständnis für das, was uns aktuell wichtig ist, zu erlangen. Er hat zudem keine Chance, uns bei dem Versuch der Erfüllung unserer Bedürfnisse zu unterstützen. Vielleicht hätte unser Gesprächspartner das sehr gern getan.
Nur wenn wir ehrlich und wahrhaftig unsere Sichtweise und unsere Wünsche darlegen, kann Verständnis entstehen. Erst dann sind Kompromisse möglich.
Menschen, die uns lieben und schätzen, haben das Bedürfnis, uns bei der Erfüllung unserer Bedürfnisse zu unterstützen.

Lucas möchte gern zusammen mit Paul den Nachmittag im Sportklub verbringen und ruft ihn an, um sich mit ihm zu verabreden.

Paul traut sich nicht, ehrlich zu sagen, dass er heute keine Lust hat und benutzt deshalb eine Ausrede. Er antwortet: »Ich kann nicht kommen, mein Auto ist in der Werkstatt.«

Was wird passieren? Lucas wird Paul eventuell vorschlagen, das Fahrrad oder den Bus zu nehmen. Sollte Paul nun eine weitere Ausrede vorschieben, wird Lucas, wenn ihm der gemeinsame Nachmittag im Sportklub sehr wichtig ist, womöglich Paul anbieten, ihn von zu Hause abzuholen.

Paul befände sich dann in einer Zwickmühle: Er müsste entweder »Farbe bekennen« und zugeben, dass er sich in Ausreden geflüchtet hat, oder sein ursprüngliches Bedürfnis nach einem entspannten Nachmittag ignorieren.

Passt es dir auch …?

Wir haben nun die …

✳   **Situation einvernehmlich geklärt,**
haben unser
✳   **Bedauern zum Ausdruck gebracht und Nein gesagt**
und gleichzeitig mitgeteilt, welches
✳   **unserer Bedürfnisse uns aktuell so wichtig ist,**
     dass wir die Anfrage nicht bejahen können.

Dadurch dass wir ganz klar nur von uns gesprochen und somit zum Ausdruck gebracht haben, dass die Ablehnung der Bitte nicht mit persönlichen Gründen verbunden ist, die ursächlich in unserem Gegenüber zu suchen sind, bleibt die Verbindung, der Kontakt zum Gesprächspartner bestehen. Das ist die erforderliche Basis für jedes wertschätzende Gespräch.

Nun besteht zum Abschluss die Möglichkeit, eine Alternative anzubieten. Diese Alternativen sind vielfältig und abhängig von der jeweiligen Situation.

In erwähnten Fall von Lucas und Paul könnte sie zum Beispiel so lauten:

»Passt es dir auch am Samstag mit unserem Sportnachmittag?«

Eine Alternative anzubieten ist wie einer Person die Hand zu reichen. Wir zeigen damit, dass wir nicht nur hingehört haben und gut für uns selbst sorgen, sondern auch an unserem Gegenüber interessiert sind.
Wir haben seine Bedürfnisse gehört, haben unsere hinzugefügt und sind nun bestrebt, eine gemeinsame Schnittmenge zu finden. Wir suchen einen Konsens, der für beide Seiten gut ist und in die Zufriedenheit führt. Wir verhalten uns auf diese Weise uns und dem anderen gegenüber respektvoll und wertschätzend.

Wie geht es dir jetzt, wenn du das hörst?

Es bedeutet für den weiteren Gesprächsverlauf eine Unterstützung, wenn wir nach einem ausgesprochenen Nein unserem Gegenüber mit dieser Frage Empathie geben, wenn wir ihm **keine Alternative bieten wollen oder können.** Vielleicht können wir schon am Gesicht ablesen oder an der Körperhaltung erkennen, dass unser Gesprächspartner zum Beispiel erschrocken, ärgerlich oder traurig ist. Das ist völlig in Ordnung und gehört je nachdem auch zu der jeweiligen Situation dazu.

Erinnern wir uns: Wenn ein Bedürfnis nicht erfüllt wird, wird ein Gefühl ausgelöst, das diesen Sachverhalt anzeigt (siehe auch Seite 45 f.).

Martha, 60 Jahre alt, hat lange Zeit regelmäßig und auch spontan ihre Nachbarin Ines unterstützt, indem sie deren Kinder betreute. Mittlerweile hat Marthas Tochter ein Kind bekommen. Martha möchte sich nunmehr ihrem eigenen Enkelkind widmen und teilt daher ihrer Nachbarin Folgendes mit:

Martha: »Liebe Ines, ich habe in den letzten drei Jahren auf deine beiden Kinder aufgepasst, und das hat mir sehr viel Freude bereitet. Ich möchte dir an dieser Stelle für dein Vertrauen danken. Zu meinem Bedauern werde ich ab nächsten Monat diese Aufgabe nicht mehr übernehmen können, da ich mich meinem eigenen Enkelkind widmen möchte und mehr Zeit für mich benötige.

Wie geht es dir jetzt, wenn du das hörst?

Ines: »Oh, das ist ja wirklich schade. Und ich merke auch, dass mich das gerade wirklich traurig macht, da sowohl die Kinder als auch ich dich sehr mögen. Du bist ein wichtiger Teil unseres täglichen Lebens geworden.«

Martha: »Ich höre (gibt wieder Empathie), dass du jetzt ein bisschen traurig bist.«

Ines: »Ja, natürlich. Du bist mir als Mensch und als Oma für meine Kinder wichtig. Aber ich kann auch gut verstehen, dass du gern deine Zeit für dein Enkelkind nutzen möchtest. Ich danke dir für die schöne gemeinsame Zeit.«

Wäre es nicht schade gewesen, wenn Ines nur cool »Gut, dann eben nicht mehr« gesagt hätte? Ihr Traurigsein zeigt Martha, wie wichtig sie für Ines' Familie gewesen ist und wie sehr sie gemocht wird. Und das ist eine wunderbare Erkenntnis.

Zusammenfassung der »vier Schritte«

HABE ICH
RICHTIG
GEHÖRT ...?

ICH BEDAURE,
NEIN ...

MIR IST
HEUTE ...
WICHTIG.

PASST ES DIR
AUCH ...?

WIE GEHT ES DIR
JETZT, WENN DU
DAS HÖRST?

1. Kurzempathie

(Inhalte zusammenfassen, Klarheit verschaffen, Situation klären)

»Habe ich richtig gehört,

… du möchtest heute mit mir um 20 Uhr zum Sport gehen?«

2. Nein sagen

»Ich bedaure, nein,

… heute komme ich nicht mit zum Sport.«

3. Bedürfnis nennen (persönliche oder sachliche Gründe)

»Mir ist heute …
Ruhe wichtig.«

4. Alternative anbieten / Empathie geben

Passt es dir auch

… am Samstag mit unserem Sportnachmittag?

Wie geht es dir jetzt, wenn du das hörst?

Folgende Frage höre ich immer wieder: Kann ich nicht auch einfach nur Nein sagen, ohne weitere Erklärungen oder Erläuterungen zu meiner persönlichen Situation? Warum muss ich noch etwas dazu sagen?

Natürlich müssen wir zunächst einmal überhaupt nichts.
Aber die Frage ist doch die, was wir mit unserem Nein erreichen wollen. Wollen wir ein friedliches, harmonisches und verständnisvolles Miteinander mit unserem Umfeld pflegen? Oder ist uns das egal?

»Nein!«
»Nein, basta!«
»Nein und Schluss. Ich möchte darüber nicht reden!«
»Nein, einfach nein. Es muss doch reichen, wenn ich Nein sage.«
»Nein, und ich habe keine Lust, darüber zu diskutieren.«

Kennst du diese oder ähnliche Sätze? Spüre in dich hinein: Wie fühlt es sich an, solche Sätze zu lesen? Spürst du vielleicht eine gewisse Beklommenheit, einen Kloß im Hals oder einen Druck auf der Brust?
Lösen diese Sätze Offenheit, Kontaktaufnahme und Verständnis aus, oder etwas ganz anderes, zum Beispiel Trennung, Unverständnis, Unsicherheit und vielleicht auch Traurigkeit?

Bedenke, jedes Wort, jeder Satz hat seine individuelle Energie und Schwingung, und diese werden von unseren Gesprächspartnern unbewusst aufgenommen.
Ein wertschätzendes Nein zusammen mit der Nennung des eigenen Bedürfnisses (und vielleicht auch der eigenen Gefühle), wie ich es oben in den »vier Schritten« aufgeführt habe, lohnt sich immer.

Anna ist die Mutter der neunjährigen Paula. Der Fernsehkonsum von Paula ist in der letzten Zeit stetig angestiegen. Oft schaut sie noch am Abend Fernsehen und ist infolgedessen am nächsten Morgen müde und »mäklig«: Das Aufstehen fällt Paula schwer, und am Frühstückstisch herrscht eine schlechte Stimmung, die einen guten Start in den Tag fast unmöglich macht.

Wenn Paula ausgeschlafen ist, ist die morgendliche Zeit ruhig. Dann erzählt sie, was in der Schule ansteht und ist lebendiger. Anna hat daher beschlossen, den Fernsehkonsum ihrer Tochter deutlich einzuschränken, insbesondere abends.

Als Vorbereitung auf das wichtige Gespräch geht sie die »vier Schritte« durch, damit sie auf Paulas nächste Frage nach einer abendlichen Fernseherlaubnis entsprechend reagieren kann.

Bei der Suche nach dem Bedürfnis, um das es Anna geht, ist ihr erster Gedanke, dass ihr Kind ausreichend schlafen soll.

Allerdings stellt sie schnell fest, dass es sich hierbei um einen Sachverhalt handelt, den sie gern für ihre Tochter möchte (Anna soll ausreichend schlafen), und das hat in der Vergangenheit zu erfolglosen Dialogen wie dem folgenden geführt:

Anna: »Heute gibt es keine weiteren Fernsehzeiten mehr, da es mir wichtig ist, dass du morgen ausgeschlafen bist.«

Paula: »Mama, ich bin überhaupt nicht müde. Und ich verspreche dir, dass ich morgen ausgeschlafen bin.«

Anna: »Ja, Paula, das hast du vorgestern auch schon gesagt, und dann warst du trotz alledem am nächsten Tag müde und schlecht gelaunt.«

Paula: »Stimmt, aber das lag nur an der Klassenarbeit, die ich am nächsten Tag schreiben musste, und da war ich eben sehr aufgeregt. Heute Abend ist das aber anders, sodass ich morgen früh ausgeschlafen bin. Darf ich jetzt noch fernsehen?«

Derart uneffektiv verlaufen Gespräche, wenn wir nicht von unseren eigenen Bedürfnissen sprechen.

Welches Bedürfnis möchte sich Anna gern erfüllen, wenn sie Paula das abendliche Fernsehen nicht erlaubt?
Sie versetzt sich noch einmal zurück in die Situation und spürt in sich hinein, wie es ist, wenn Paula morgens müde aufsteht und schlecht gelaunt am Frühstückstisch sitzt. Anna ist eindeutig genervt (Gefühl).
Diese Erkenntnis führt für sie unweigerlich dazu, nach ihrem Bedürfnis, das in diesem Fall nicht erfüllt ist, zu suchen. Anna braucht am Frühstückstisch Ruhe und auch ein wenig Gelassenheit, um einen Tag gut beginnen zu können.
Das ist für sie in der Regel nicht möglich, wenn Paula schlecht oder zu wenig schläft, weil sie am Abend zuvor noch ferngesehen hat und womöglich das Gesehene noch verarbeiten musste.

Mit der Entdeckung ihrer Bedürfnisse tritt bei Anna eine innere Beruhigung ein. Sie weiß jetzt konkret, worum es ihr tatsächlich geht, nämlich um Ruhe und Gelassenheit während der Frühstückszeit. Sie wird sich mit Paula am Nachmittag zusammensetzen und mit ihr über klare Fernsehzeiten sprechen.

Anhand dieses Beispiels wird noch einmal deutlich, wie wichtig es ist, die **eigenen Bedürfnisse zu entdecken.** Erst wenn uns diese klar sind, sind wir in der Lage, die für uns richtigen und notwendigen Strategien zu entwickeln, die uns in die Lebensfreude und die Zufriedenheit führen. Gleichzeitig begeben wir uns in den Bereich unserer eigenen Angelegenheiten, jener Angelegenheiten, bei denen wir in unserer Schöpferkraft sind und somit tatsächlich etwas bewegen können.

Wenn du dir
und dem Leben
vertraust,
ist die Angst
chancenlos.

WARUM WIR LERNEN SOLLTEN, NEIN ZU SAGEN – ZEHN GUTE GRÜNDE FÜR EIN NEIN

* Wir lernen uns selbst immer besser kennen und erkennen so mehr und mehr unseren Wert, was unweigerlich zu einer **Steigerung unseres Selbstwertgefühls** führt.

* Dadurch entsteht eine **innere Stärke,** die uns darin unterstützt, für uns einzustehen.

* Wir werden **achtsamer in Bezug auf unsere Gefühle,** die unser persönliches Navigationssystem sind und uns den Weg zu unserem Wohlbefinden weisen.

* Wir **entdecken unsere eigenen Bedürfnisse** und versetzen uns damit in die Lage, wertschätzend mit uns selbst umzugehen.

* Wir schaffen die Voraussetzungen, die **Verantwortung für unser Leben zu übernehmen** und Strategien für die Erfüllung unserer Bedürfnisse zu entwickeln.

* Andere Menschen erhalten die Möglichkeit, uns exakt so zu sehen und zu erleben, **wie wir wirklich sind.**

* Infolgedessen werden wir in **unserem Umfeld** als eine **wahrhaftige und authentische Person** wahrgenommen.

* **Wir erhalten Respekt und Wertschätzung,** was uns folglich ein gutes Selbstbewusstsein verschafft.

* Ein **erfülltes und erfolgreiches Leben in Zufriedenheit** kann entstehen.

* Wir sind **in Frieden mit uns** und den anderen.

Erst wenn wir uns **selbst lieben,** können wir offenen Herzens lieben und geliebt werden.

JEMAND KANN DAS NEIN
NICHT
AKZEPTIEREN

Als ich damit begonnen hatte, von Herzen Nein zu sagen, durfte ich immer wieder erleben, dass meine Gesprächspartner zum Teil sehr hartnäckig waren und versuchten, meine Meinung zu ändern. Um mein Nein zu untermauern, suchte ich zuerst nach weiteren Bedürfnissen, um dann relativ schnell festzustellen, dass ich auf diese Weise genau das Gegenteil erreichte. Die Lösung war, wie ich feststellen durfte, ganz einfach. Auch hier gilt: Weniger ist mehr.

Gerade dann, wenn wir in der Vergangenheit eher ein Ja anstelle eines Nein ausgesprochen haben, sind die Menschen in unserem Umfeld ein Nein nicht gewohnt. Wenn wir nun auf einmal Nein sagen, kann das eine gewisse Irritation auslösen, die unser Gegenüber dazu veranlasst, zu testen, wie ernst unser Nein tatsächlich gemeint ist.

Natürlich gibt es auch Menschen, die ein Nein grundsätzlich nicht gern hören und ungern annehmen möchten.
Dann ist es wichtig, dass wir zunächst einmal in der Ruhe bleiben. Wir dürfen erkennen, dass unser Gegenüber sich lediglich sein Bedürfnis erfüllen möchte – allerdings mit **Nach-druck.**

Da wir in uns hineingespürt haben und wissen, was wir wollen, brauchen wir keine weiteren Argumente mehr anzuführen. Weitere Gründe und Bedürfnisse verwässern unsere ursprünglichen Argumente, und wir werden in der Wahrnehmung unseres Gegenübers weniger glaubwürdig.

Ich empfehle, die zwei Schritte »Nein sagen« und »Bedürfnis nennen« ganz ruhig zu wiederholen und damit erneut den Druck aus dem Dialog zu nehmen.
Es ist hilfreich, seine Konzentration und den Dialog sodann in Richtung des vierten Schritts »Alternative anbieten« zu lenken und Möglichkeiten aufzuzeigen.

Wenn wir noch weitere Informationen zu unserer Situation anbieten, kann das das Miteinander erleichtern. Wichtig ist es jedoch, dass wir unserem ursprünglichen Bedürfnis treu bleiben.

Die Weisheit
unseres Herzens weist
uns jederzeit den für uns
besten Weg.

WAS IST, WENN ICH NOCH NICHT WEISS, WAS ICH WILL?

Vielleicht weißt du noch nicht, **was du möchtest.** Dir ist noch nicht klar, ob du auf diese Frage mit Ja oder Nein antworten möchtest.

Das ist vollkommen in Ordnung. Nimm dir die Zeit, die du für dich brauchst, um von Herzen eine Entscheidung zu treffen.

»Ich möchte über deine Anfrage noch einmal in Ruhe nachdenken / hinsichtlich deiner Anfrage noch einmal in mich hineinspüren und melde mich in einer halben Stunde / einem Tag / einer Woche wieder bei dir.«

Im Rahmen eines respektvollen Umgangs ist es dann natürlich wichtig, dass wir die Zeit, die wir nennen, um über das Anliegen nachzudenken (zum Beispiel »bis 13 Uhr«), auch von uns eingehalten wird.

Hinsichtlich der Verlässlichkeit von Versprechen habe ich festgestellt, dass die Angabe einer konkreten Zeit für beide Seiten von Vorteil ist. Wer eine konkrete Zeit nennt, fühlt sich auch daran gebunden und ist bestrebt, seine Ankündigung einzuhalten.

Bei einer unverbindlichen Angabe wie »Ich melde mich dann bei Gelegenheit wieder« ist der Sachverhalt schnell aus dem Fokus gerutscht und in Vergessenheit geraten, vor allem dann, wenn weitere Termine und Zeitvorgaben auftauchen.

Bei demjenigen, der die Zeiten genannt bekommt, tritt eine Beruhigung ein, denn er weiß, bis wann er spätestens eine Rückmeldung erhält. So kann bei ihm ein Gefühl wechselseitiger Verlässlichkeit entstehen.

Vielleicht weißt du auch nur, **was du nicht möchtest.** Das ist relativ häufig der Fall, da es viel leichter ist, die Dinge aufzuzählen, die wir nicht möchten, als klar und präzise zu benennen, was wir wollen, weil es uns wichtig ist.

Wie ich immer wieder feststelle, haben viele Menschen erhebliche Schwierigkeiten, die eigenen Gefühle zu benennen und Bedürfnisse **konkret** zu formulieren. Gefühle und Bedürfnisse werden vage umschrieben und laden die Menschen in ihrem Umfeld zu Interpretationen und Vermutungen ein. Füreinander Verständnis zu entwickeln, ist damit schwierig, wenn nicht sogar unmöglich.

Dass wir unsere Gefühle und Bedürfnisse nicht genau benennen können, hat, wie schon erwähnt, meiner Ansicht nach in erster Linie damit zu tun, dass wir sie viele Jahre lang nicht leben konnten oder durften. In der Regel wurden wir von unseren Mitmenschen nicht danach gefragt und konnten uns infolgedessen keinen entsprechenden Wortschatz aufbauen.

Die folgende Übung, die ich in Form einer Tabelle gestaltet habe, bietet dir die Chance, dir die **Zusammenhänge zwischen Situationen, Gefühlen und Bedürfnissen zu verdeutlichen** und folglich neue Verknüpfungen in deinem Gehirn entstehen zu lassen.

Zum Aufbau der Tabelle: Links, in der ersten Spalte notierst du ein konkretes Detail deiner aktuellen Lebenssituation. In der mittleren Spalte schreibst du das konkrete Gefühl auf, das jene Situation bei dir auslöst. Es können auch mehrere Gefühle sein. Unterstreiche dann jenes Gefühl, das für dich das vordringlichste ist.

In der Spalte ganz rechts trägst du das Bedürfnis ein, das aufgrund dieser Situation erfüllt wird.

Wenn du diese Tabelle ausgefüllt hast, dann wirst du – und das kann ich dir versprechen – bereits ein besseres Verständnis für Situationen, Gefühle und Bedürfnisse haben. Du wirst damit einen großen Schritt hin zu einem glücklicheren und erfolgreicheren Leben tun.

Außerdem lenkst du deinen Fokus und damit deine Energie auf das, was dir wichtig ist. Vielleicht fertigst du dir auch noch eine neue Liste mit den von dir gefundenen Erkenntnissen zum Thema »Das will ich« an.

Starte am besten jetzt!

Detail meiner Lebenssituation	Gefühl (»Ich bin ...«)	Das erfüllte Bedürfnis
ICH BIN		
z. B. gesund	glücklich, zufrieden, erleichtert	Gesundheit, Lebensfreude
ICH HABE		
z. B. einen interessanten Job	erfreut, begeistert	Kreativität, Selbstbestimmung
ICH WOHNE		
z. B. in einer ruhigen Gegend	beruhigt, erleichtert	Ruhe, Entspannung, Frieden

Demütig sein
bedeutet anerkennen,
dass es neben meiner
Sicht der Dinge
viele weitere gibt.

DER ANDERE SAGT NEIN – UND NUN?

An dieser Stelle möchte ich gern die Perspektive verändern. Meiner Erfahrung nach ist es sehr hilfreich für die gegenseitige Verständigung, den Blickwinkel zu verändern und sich selbst die Sichtweise des Gegenübers zu verdeutlichen. Gern stelle ich mir in solchen Momenten vor, wie ich meinen persönlichen Aussichtshügel verlasse und zu der Aussichtsplattform der Person, mit der ich gerade im Kontakt bin, hinübergehe.

Wir sind alle so einzigartig, dass es selbstverständlich ist, dass jeder auch einen einzigartigen Ausblick auf das Leben und bestimmte Situationen hat. In einem wertschätzenden Dialog ist es daher nicht nur wichtig, ein Nein aussprechen zu können, es ist genauso wichtig, auf ein Nein des anderen vorbereitet zu sein.

Bei aller Selbstreflexion und Stärkung des Selbstwertgefühls ist es gut, im Auge zu behalten, dass auch unser Gegenüber jederzeit Gefühle und Bedürfnisse hat, die er sich – häufig unbewusst – zu erfüllen versucht.

Das ist völlig in Ordnung, weil schließlich jeder selbst für die Erfüllung seiner Bedürfnisse verantwortlich und zuständig ist. Es hat zudem natürlich nichts mit Egoismus zu tun, sondern mit einer guten Wahrnehmung und Selbstliebe unseres Gegenübers.

Ein Nein, das in unsere Richtung ausgesprochen wird, hat daher – aus den in den früheren Kapiteln gezeigten Gründen – sehr häufig nichts mit uns persönlich zu tun. Nur eine Bitte, die wir ausgesprochen haben, ist abgelehnt worden, jedoch sind nicht wir als Person abgelehnt worden.

Gehe daher liebevoll mit dir und deinem Gesprächspartner um. Akzeptiere, dass es auf beiden Seiten lediglich um die Erfüllung von Bedürfnissen geht und nicht um eine Aussage darüber, ob jemand gemocht oder geliebt wird. Wenn wir also ein Nein hören, dürfen wir in unserem guten Selbstwert bleiben und für uns erkennen, wie wir das, was wir jetzt brauchen, uns auch selbst erfüllen können.

Eine vorübergehende Betroffenheit lässt sich durch Empathie in beide Richtungen wieder auflösen.

Einerseits ist es angenehm, wenn wir uns selbst Empathie schenken. Wir sollten uns danach fragen, welches Gefühl durch das Nein in uns ausgelöst und welches Bedürfnis dadurch nicht erfüllt worden ist. In der Regel tritt durch diese Selbstempathie eine Beruhigung ein, die es uns ermöglicht, uns entweder mit unseren Erkenntnissen mitzuteilen oder einfach das Nein unseres Gegenübers in Ruhe anzunehmen.

Und andererseits können wir dem Gesprächspartner Empathie schenken, indem wir herauszufinden versuchen, welche Gefühle er hat und welche Bedürfnisse er sich erfüllen möchte.

Sollten wir von unserem Gesprächspartner ein schlichtes Nein hören, dürfen wir vermuten, dass auch er sich der zugrunde liegenden Bedürfnisse nicht bewusst ist.

Mit folgender Empathiefrage können wir Klarheit schaffen:

»Bist du … (Gefühl), weil dir … (Bedürfnis) wichtig ist / weil du … (Bedürfnis) brauchst?«

Das führt uns weg von dem (unwahren) Gedanken, aufgrund unserer Person ein Nein erhalten zu haben. Zugleich führt uns diese Frage hin zu den sachlichen und nachvollziehbaren Gründen für das Nein, und Verständnis, Harmonie und Annahme sind möglich.

Willkommen im Leben!

BEISPIELE –
SO KANN DAS
NEINSAGEN GEHEN

Meiner Erfahrung nach ist es hilfreich, Beispiele, Ideen und Anregungen dafür zu erhalten, wie ein wertschätzendes Gespräch mit dem Ziel, Nein zu sagen, verlaufen kann. Gerade zu Anfang, wenn das Thema »Nein sagen« neu ist und die entsprechende Routine noch fehlt, stellt das eine echte Bereicherung dar.

Zur Verdeutlichung und um den **Rhythmus der »vier Schritte«** hervorzuheben, werden die relevanten Elemente *kursiv* dargestellt sein.
Darüber hinaus werde ich auf bestimmte entstehende Gefühle hinweisen, die zu nennen im Gespräch für die Verbindung zwischen zwei Menschen elementar wichtig ist. Es sind eben jene Gefühle, die eine Brücke zum anderen bilden.

Es ist eine sehr gute Idee, während eines Gesprächs immer wieder in Kontakt mit dem **eigenen Körper zu gehen und diesen zu spüren.** Er zeigt uns ebenfalls unsere Gefühle an und kann eine große Unterstützung sein.

Wenn unsere Bedürfnisse erfüllt sind und wir zum Beispiel glücklich, zufrieden oder dankbar sind, wird uns das unser Körper widerspiegeln. Wir erleben uns dann zum Beispiel als beruhigt, beschwingt, entspannt, gelassen oder gelöst.
Sind unsere Bedürfnisse <u>nicht</u> erfüllt, sind wir zum Beispiel ängstlich, verstimmt, unzufrieden, irritiert oder frustriert. Auch das wird uns unser

Körper widerspiegeln. Wir sind dann bedrückt, verspannt, müde, nervös, genervt oder gestresst.

Es lohnt sich also, die Hinweise zu nutzen, die wir aufgrund unserer Gefühle und Körperwahrnehmung erhalten, um mit ihrer Hilfe unser Leben erfüllt und glücklich zu gestalten.
Körper, Geist und Seele arbeiten zusammen, um Gesundheit auf allen Ebenen herzustellen. Wenn wir die Hinweise, die wir selbst uns geben, wahrnehmen und nutzen, werden wir unser Leben glücklich und erfüllt gestalten können.

Nein sagen,
wenn von uns zusätzliche Arbeit gewünscht wird, die wir in der vorgegebenen Zeit nicht bewältigen können

Klara Meier ist eine zuverlässige und gut organisierte Mitarbeiterin. Sie freut sich, denn heute ist Dienstag und Freitag ist ihr letzter Arbeitstag vor dem Urlaub. Momentan hat sie noch drei Projekte zur Bearbeitung auf ihrem Schreibtisch liegen, und sie ist überzeugt, diese bis zum Ende der Woche erledigen zu können.

Mittags betritt ihr Chef, Herr Bauer, ihr Büro.

Herr Bauer: »Hallo, Frau Meier, schön, dass ich Sie vor der Mittagspause noch antreffe. Ich habe hier ein wichtiges Projekt auf den Tisch bekommen. Ich würde gern Ihnen den Fall übergeben und bitte Sie, mir die fertigen Unterlagen zur Überprüfung bis Donnerstag zu übergeben. Der Kunde möchte bis spätestens Freitag unsere endgültiges Angebot vorliegen haben.«

Klara Meier: *(ist zunächst erschrocken)*
»Habe ich das richtig gehört, dass Sie mir heute ein neues Projekt geben möchten und bis Donnerstagabend das fertige Angebot zur Überprüfung benötigen?«

Herr Bauer: »Ja, genau!«

Klara Meier: *(geht im Kopf kurz die Prioritäten ihres Arbeitsplatzes durch)*
»Ich bedaure, nein. Herr Bauer, das ist nicht möglich. Ich habe aktuell noch drei Fälle auf dem Tisch liegen, die ich bis zum Ende der Woche und damit vor meinem Urlaubsbeginn noch fertigstellen möchte. Einem der Kunden habe ich bereits die Zusage gegeben und *mir ist Verlässlichkeit wichtig.«*

Herr Bauer: »Ach, das mit dem Urlaub habe ich ganz vergessen. Können Sie nicht doch diesen Fall noch irgendwie in Ihrem Zeitplan unterbringen?«

Klara Meier: »*Ich bedaure, nein.* Mir ist es wichtig, meine Arbeit in guter Qualität zu erledigen, und dafür brauche ich einfach eine bestimmte Zeit.«

Herr Bauer: »Ja, natürlich, das ist ja auch genau das, was ich an Ihrer Arbeit so schätze. Aber was machen wir denn nun?«

Klara Meier: »Besteht die Möglichkeit, dass mein Kollege Neumann den Fall übernimmt?«

Herr Bauer: »Nein, Herr Neumann ist krank geworden, und ich weiß nicht genau, wann er wiederkommt.«

Klara Meier: »Ich höre, dass Herr Neumann für diesen Fall wohl nicht zur Verfügung steht. Herr Bauer, ich vermute, dass eines meiner Projekte nicht so dringend ist. Wäre es eine Idee, mit diesem Kunden zu sprechen, ob er mit dem Angebotsvorschlag bis nach meinem Urlaub warten kann?«

Herr Bauer: »Das ist eine gute Idee, und ich kann mir vorstellen, dass er damit einverstanden sein wird. Ich werde mit dem Kunden sprechen.«

Klara Meier: »*Ich fasse jetzt noch einmal zusammen: Bis zu meinem Urlaub erledige ich zwei der drei Fälle, die derzeit bei mir auf dem Tisch liegen. Daneben übernehme ich den Fall von heute, den Sie mir jetzt übergeben. Sie telefonieren mit dem Klienten meines dritten Falls und geben mir eine Rückmeldung, ob er damit einverstanden ist, dass sein Auftrag in 10 Tagen erledigt wird.*«

Herr Bauer: »Genau so machen wir es. Vielen Dank für Ihre Unterstützung.«

Zunächst einmal ist es wichtig, in solchen Fällen Ruhe zu bewahren.

Herr Bauer versucht lediglich, auf seine Art und Weise die Erledigung eines eiligen Auftrags sicherzustellen. Klara Meier ist in seiner Wahrnehmung die beste Person für die effektive Erledigung dieses Auftrages. (Das ist doch schon einmal ein Kompliment!)
Es liegt also kein persönlicher Angriff vor oder der Versuch, seine Mitarbeiterin zu ärgern, wenn Herr Bauer den Fall Klara Meier übergeben möchte.

Grundsätzlich dürfen wir **nicht erwarten,** dass unser Vorgesetzter sämtliche Vorgänge, die wir gerade bearbeiten, kennt. Vielmehr ist es unsere Aufgabe, für einen organisierten Schreibtisch zu sorgen und ihm offen mitzuteilen, wenn die Zeit für eine qualitativ hochwertige Arbeit nicht mehr vorhanden ist.

In dem oben genannten Fall ist vor allen Dingen dadurch Verständnis eingetreten, dass Herr Bauer die Bedürfnisse, die sich Klara Meier zu erfüllen versucht, klar nachvollziehen konnte.

Es ging um *Verlässlichkeit* und darum, eine qualitativ hochwertige Arbeit abzugeben. Das liegt Herrn Bauer genauso am Herzen wie Klara Meier. Auch ihm ist Verlässlichkeit wichtig, daher möchte er den Auftrag so schnell wie möglich erledigt haben. Und die gute Qualität der Arbeit ist ihm ebenso wichtig, daher hat er den Weg zu Klara Meier gesucht, von der er weiß, dass sie diese Arbeit in seinem Sinne erledigen kann.

Durch die Nennung ihrer jeweiligen Bedürfnisse konnten beide Gesprächspartner feststellen, dass sie in letzter Konsequenz das gleiche Ziel haben.
Das ist im Gespräch verbindend und motiviert, kompromissbereit zu sein
und gemeinsam eine Lösung zu finden.

Probiere es aus!

Nein sagen, wenn wir eine unliebsame Routine unterbrechen möchten

Manuela ist in Rente. Um ihr Einkommen etwas aufzubessern, arbeitet sie gelegentlich bei einer Bekannten, Sabine, im Restaurant. Es macht ihr wirklich Freude, dort einige Stunden in der Woche zu helfen und mit anderen Menschen in Kontakt zu kommen. Die Arbeit ist abwechslungsreich, und Manuela ist aufgrund ihrer früheren Tätigkeit in diesem Bereich mit den Abläufen eines Restaurants bestens vertraut. Sabine vertraut ihr und setzt sie in unterschiedlichen Tätigkeitsbereichen des Restaurants ein. Manuela ist aufgrund ihrer zeitlichen Flexibilität, bedingt durch das Rentnerdasein, mittlerweile zu einer sehr begehrten Arbeitskraft geworden. Wenn einmal jemand krank wird oder ausfällt, ist es die Lieblingslösung von Sabine, bei Manuela anzurufen und sie zu bitten, ins Restaurant zu kommen.

Deshalb und vor allem aufgrund des Umstands, dass Manuela bislang nicht Nein sagen konnte, haben die Arbeitsstunden im Restaurant in einem derartigen Maße zugenommen, dass Manuelas Freude an der Mitarbeit deutlich abgenommen hat. Außerdem spürt sie in der letzten Zeit eine deutliche Müdigkeit und ist bereits genervt, wenn sie an das Restaurant denkt. Manuela hat sich fest vorgenommen, das nächste Mal Nein zu sagen, wenn sie wieder kurzfristig von Sabine angerufen wird und weder Lust noch Zeit hat.

Manuela hat sich für heute mit einer Freundin verabredet. Sie wollen das schöne Wetter genießen und eine Fahrradtour machen. Sie ist gerade dabei, ihren Rucksack zu packen, als das Telefon klingelt. Erst möchte sie am liebsten gar nicht ans Telefon gehen, als sie die Nummer vom Restaurant sieht, aber dann denkt sie: »Das ist meine Chance, das Nein auszuprobieren.«

Sabine: »Hallo, Manuela, schön, dass ich dich erreiche. Peter hat gerade angerufen und sich krankgemeldet. Daher wollte ich dich bitten, seine Schicht ab Mittag zu übernehmen. Heute haben sich diverse Gäste angemeldet, und ich weiß nicht, wie ich das ohne dich schaffen könnte.«

Manuela: *»Also, höre ich richtig, dass Peter sich für seine Schicht abgemeldet hat und du heute ab Mittag Unterstützung bräuchtest?«*

Sabine: »Ja, genau, heute ab 12:00 Uhr.«

Manuela: *(spürt, dass sie sich unwohl fühlt und lustlos ist. Daneben meldet sich ihr Körper mit einem Druck auf den Schultern und auf der Brust zu Wort.) »Ich bedaure, nein. Sabine, ich kann dich heute nicht unterstützen. Ich bin mit einer Freundin verabredet und mir ist Verlässlichkeit sehr wichtig.«*

Sabine: »Hm, ja, das kann ich schon gut verstehen. Wäre es dir vielleicht möglich, etwas später dazuzukommen und uns zu unterstützen?«

Manuela: *»Ich bedaure, nein.«*

Sabine: »An und für sich machst du das genau richtig. Ich glaube, ich würde heute auch lieber radeln und den Tag genießen. Ich wünsche dir viel Spaß dabei.«

Manuela: »Ich danke dir und wünsche dir viel Gelassenheit für den heutigen Tag. Wir sehen uns dann bei meiner nächsten Schicht am Freitag.«

Sabine: »Ich freue mich, vor allem da ich weiß, dass du absolut zuverlässig bist.«

Wir dürfen uns von dem Gedanken lösen, dass wir verantwortlich sind für das Zeit- oder Personalmanagement anderer.

Aktiv werden,
bevor wir ein Nein aussprechen müssen

Jonas und Laura sind engagierte Sportler. Der Urlaub wird grundsätzlich dafür genutzt, neue Landschaften zu entdecken und dort große Touren zu wandern und die Gegend mit dem Mountainbike zu erkunden.
Laura hat schon voller Begeisterung und Vorfreude diverse Reiseführer für den nächsten Urlaub studiert und herausfordernde Touren zusammengestellt, die sie mit Jonas am Wochenende besprechen möchte.

Jonas, der sich normalerweise den Plänen von Laura mit Begeisterung angeschlossen hätte, spürt, dass ihn derzeit allein der Gedanke daran stresst. Nach dem Studium hat er einen herausfordernden Job angenommen, der ihn viel Kraft und Engagement kostet. Was er braucht, und das spürt er mehr und mehr, sind vor allen Dingen Ruhe und Entspannung und dann erst sportliche Aktivitäten.

Jonas ist angespannt und kämpft schon seit Tagen mit Bauchschmerzen. Ihm wird klar, dass er mit Laura sprechen muss, wenn er sie hinsichtlich ihrer Urlaubsideen nicht enttäuschen möchte, da er auf ihre Vorschläge derzeit nur mit einem Nein antworten könnte.

Jonas: »Laura, ich möchte sehr gern mit dir über unseren Urlaub in drei Monaten reden. Ich habe gesehen, dass du dir schon sehr viel Mühe gegeben hast, das Richtige dafür zusammenzustellen.«

Laura: (voller Freude)
»Ja, gern! Ich freue mich schon sehr darauf und habe auch schon Diverses recherchiert und zusammengesucht.«

Jonas: »Ja, genau deswegen ist es mir so wichtig, mit dir jetzt darüber zu sprechen. *Ich habe ja Anfang des Jahres diesen neuen Job angenommen und mich dort sehr engagiert, viel Zeit und Kraft investiert.* Ich merke, dass ich recht *müde* bin. Ich bedaure, ich werde in diesem Urlaub mehr *Ruhe und Erholung* brauchen. Von daher bitte ich darum, dass wir *dieses Mal unsere Reise so gestalten, dass mir mehr Erholung möglich sein wird.* Ist das für dich okay?«

Laura: »Ach, das ist ja schade. Ich habe mich schon darauf gefreut. Bedeutet das, dass ich mir die ganze Mühe umsonst gemacht habe? Wie hast du dir den Urlaub für dich vorgestellt?«

Jonas: »Ich höre, dass du jetzt etwas traurig bist und denkst, dass die ganze Urlaubsrecherche umsonst gewesen sei (Empathie). Lass uns einmal sehen, vielleicht können wir einen Teil deiner Ideen in diesem Urlaub umsetzen und den Rest davon im nächsten.
Mein Wunsch ist, dass ich an unserem Urlaubsort eine Woche zum Relaxen habe und wir in der darauffolgenden Woche deine Tourenideen umsetzen. Wie geht es dir, wenn du das so hörst (Empathie)?«

Laura: »Ja, das hört sich doch ganz gut an. Wenn ich Lust habe, kann ich, während du auf der Erholungsliege faulenzt, die eine oder andere Tour allein machen. Also, dann schauen wir jetzt gemeinsam nach einem Ort und einem Hotel, das dafür infrage kommt.«

Jonas: »Ja, das machen wir jetzt. Ist das so für dich in Ordnung?«

Laura: »Absolut! Mir ist es doch wichtig, dass es dir gut geht, und mir ist es natürlich auch wichtig, dass wir gemeinsam in Urlaub fahren und Spaß haben. Und wenn, um das zu ermöglichen, dieses Mal eine Woche mit Ruhe und Entspannung erforderlich ist, dann ist das eben so.
Das nächste Mal sagst du mir aber rechtzeitig Bescheid, wenn sich deine Bedürfnisse ändern, versprochen?«

Jonas: (ist erleichtert und fühlt eine Vorfreude auf den Urlaub, die ihm in den letzten Tagen gefehlt hat)
»Versprochen!«

Wenn uns etwas auf dem Herzen liegt, was einer Klärung bedarf, ist es gut, diese Klärung sobald wie möglich herbeizuführen. Je länger wir schweigen und somit die Klärung aufschieben, desto schwieriger wird es, in den Kontakt und die Wertschätzung zu kommen, weil häufig unser Gegenüber aufgrund unseres Schweigens von einer Zustimmung zur bestehenden Situation ausgeht.

Es ist ein Grundbedürfnis von uns Menschen, Personen, die wir lieben und die uns wichtig sind, bei der Erfüllung ihrer Bedürfnisse zu unterstützen. So war auch Laura bereit, Zugeständnisse zu machen, nachdem sie Jonas' Bedürfnisse aufgezeigt bekommen hatte.

Nein sagen,
wenn wir schon Ja gesagt haben

Marie hatte letzten Monat ein sehr erfreuliches Gespräch mit ihrem Chef, Herrn Schulz. Er ist begeistert von ihrer Arbeit und hat ihr, um sie zu fördern und auf weitere Positionen im Unternehmen vorzubereiten, angeboten, an einer Fortbildung teilzunehmen. Marie hat sich sehr geehrt gefühlt und zugesagt, dass sie daran teilnehmen wird.

Letzte Woche lag nun die Einladung zu der Fortbildung in ihrem Briefkasten, und sie stellte mit Entsetzen fest, dass sie für diese Veranstaltung an verschiedenen Wochen nicht zu Hause sein würde. Im Gespräch mit Herrn Schulz hatte sie es so verstanden, dass die Fortbildung vor Ort wäre und sie somit abends ihre beiden kleinen Kinder umsorgen könnte.

Marie ist unsicher und hat schon seit Tagen Kopfschmerzen. Ihr ist klar geworden, dass es ihr ganz eindeutig ein Bedürfnis ist, die tägliche Familienzeit einzuhalten. Daher sucht sie das Gespräch mit Herrn Schulz, um ihre Teilnahme an der Fortbildung abzusagen.

Marie Hoffmann: »Herr Schulz, wir hatten *letzten Monat* über die *Fortbildungsmaßnahme* für mich gesprochen. *Diese Woche kam die Einladung zur ersten Seminarwoche* und über diese würde ich gern mit Ihnen sprechen (Situation konkret klären).«

Herr Schulz: »Ja, sehr gern. Was liegt Ihnen denn auf dem Herzen?«

Marie Hoffmann: »Ich habe gelesen, dass das Seminar nicht hier vor Ort stattfindet, sondern 400 km entfernt, und darüber bin ich *erschrocken (Gefühl)*. Ich bedaure, ich kann an der Fortbildung unter dieser Bedingung nicht teilnehmen, da mir *grundsätzlich die tägliche Familienzeit* wichtig ist.

Besteht die Möglichkeit, an der *Fortbildung zu einer anderen Zeit in einem örtlichen Umfeld teilzunehmen,* sodass ich abends bei meinen beiden kleinen Kindern sein kann?«

Herr Schulz: »Frau Hoffmann, da bin ich jetzt gerade komplett überfragt. Ich habe Sie natürlich für das nächstmögliche Seminar angemeldet, da mir diese Fortbildung auch für das Unternehmen wichtig ist. Besteht nicht die Möglichkeit, dass sich jemand in jenen Wochen um die Kinder kümmert?«

Marie Hoffmann: »Also, ich höre, dass Ihnen diese Fortbildung für das Unternehmen genauso wichtig ist, wie sie mir für meine persönliche Weiterentwicklung wichtig ist *(Empathie).* Darüber freue ich mich.
Meine Kinder sind noch recht klein, erst 5 und 7 Jahre alt, und mir ist die gemeinsame tägliche Familienzeit grundsätzlich ein großes Bedürfnis.
Von daher wäre meine Bitte ein Seminar in einem Umfeld, das es mir ermöglichen würde, abends zu Hause zu sein. Wenn Sie mir die entsprechenden Kontaktdaten geben, wäre ich gern bereit, zu recherchieren, ob und wann die nächste Fortbildung hier im Umfeld stattfindet. Wäre das für Sie in Ordnung?«

Herr Schulz: *(zögerlich)* »Ja, gut. Mir war zugegebenermaßen nicht bekannt, dass Ihre Kinder noch so jung sind, und ich kann schon verstehen, dass Ihnen die gemeinsame Zeit wichtig ist.
Mir ist jedoch auch die Weiterbildung von fähigen Mitarbeitern wichtig, um mein Unternehmen gut aufgestellt zu wissen. Engagierte und gut ausgebildete Mitarbeiter sind diesbezüglich meiner Meinung nach ein sehr wichtiger Aspekt. Haben Sie sich von daher schon darüber Gedanken gemacht, was wäre, wenn eine Fortbildung in dem nächsten halben Jahr nicht hier im Umfeld stattfände?

Marie Hoffmann: »Ja, das habe ich. Sollte eine Alternative wirklich nicht möglich sein, und das würde ich bedauern, würde ich gern von der Fortbildungsmaßnahme zurücktreten wollen, solange meine Kinder noch so klein sind (sie spürt eine körperliche Erleichterung, dass sie ihre Meinung so klar mitgeteilt hat).«

Herr Schulz: »Frau Hoffmann, ich danke Ihnen für Ihre Offenheit. Sie sind für unser Unternehmen eine wertvolle Mitarbeiterin, und deswegen ist es mir natürlich auch wichtig, dass Sie Beruf und Familie unter einen Hut bekommen können. Ich gebe Ihnen noch heute die Kontaktdaten des Seminarzentrums, und dann hoffen wir, dass es eine Alternative gibt, die für Sie in Ordnung ist. Lassen Sie mich dann bitte wissen, was Sie herausgefunden haben.

Marie Hoffmann: *(ist sehr erleichtert und atmet befreit durch. Sie realisiert, dass sie ganz nebenbei auch noch ein sehr wertschätzendes Kompliment erhalten hat.)*
»Das mache ich sehr gern. Ich danke Ihnen für Ihr Verständnis.«

Die Geschichte ging tatsächlich so aus, dass die Fortbildung zurückgestellt wurde. Aufgrund des von beiden Seiten offen geführten Gesprächs konnte jedoch das beiderseitige Interesse für die Weiterbildung am Leben erhalten werden.

Dass beide Seiten offen miteinander umgehen und die jeweiligen Bedürfnisse austauschen, ist die Basis für gegenseitiges Verständnis und jeden Kompromiss.

MEINE TIPPS UND ANREGUNGEN FÜR DAS UMSETZEN

Ich habe festgestellt, dass es eine gute Vorbereitung ist, die »vier Schritte« zu verinnerlichen, damit der Gesprächsrhythmus für das Neinsagen ein bekannter Ablauf und schließlich zur Routine wird. Ich empfehle dir, dir den Überblick auf Seite 72 f. nochmals anzusehen oder ihn dir im Bedarfsfall zu kopieren.

Gleichzeitig ist das Erspüren der eigenen Bedürfnisse elementar, da sie uns ein klarer Wegweiser hin zu dem, was wir brauchen, sind. Mit dem Erspüren der Bedürfnisse ist es anfangs wie mit dem Erlernen einer neuen Sprache: Man muss sich die neuen Wörter und Strukturen einprägen, bis sie einem selbstverständlich geworden sind.

Wir alle sind individuell in unserem Lernverhalten. Mir persönlich haben folgende Tipps und Anregungen beim Üben und Umsetzen der »vier Schritte« gut geholfen. Es ist wichtig, zu üben und die Situationen anzunehmen und bewusst neu zu gestalten. Nur dann sind wir in der Lage, auch etwas Neues zu erleben. Das Umsetzen ist der Schlüssel und die Notwendigkeit für den Erfolg.

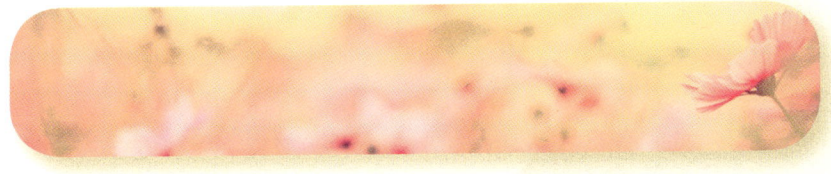

Versuche ab sofort, **bevor** du ein Ja oder Nein aussprichst, mit dir selbst zu klären: **Will ich das?**

Vielleicht stellst du dir als Erinnerung eine selbst geschriebene Karte mit dieser Frage auf deinen Schreibtisch, damit du sie jederzeit präsent hast.

Solltest du, wenn jemand von dir eine Antwort erwartet, keine inhaltlich geklärte Antwort geben können, dann schenke dir die Zeit, die du benötigst, um zu einer Antwort zu gelangen. Teile deinem Gegenüber mit, wann er seine Antwort erhalten wird.

Bist du von einer **Frage komplett überrascht worden** und vielleicht auch ärgerlich, nimm dir wie beschrieben (siehe Seite 56 f.) zunächst eine kleine Auszeit. Wut und Ärger sind immer ein Hinweis darauf, dass wir mit unseren Bedürfnissen nicht mehr im Kontakt sind und anstelle dessen von dem anderen **er-warten,** dass er unsere Bedürfnisse erkennt und erfüllt. Ein Unterfangen, das regelmäßig in eine Sackgasse führt.

Diese kleine Auszeit ist dir selbst gegenüber wertschätzend und gleichzeitig dem Gesprächspartner gegenüber achtsam, der später eine wahrhaftige Antwort auf eine ernst gemeinte Frage erhalten wird.

Übe dich in der Anwendung der »vier Schritte«. Sollten dir in deiner Wahrnehmung alle auf einmal zu viele sein, so beginne zum Beispiel mit der Kurzempathie. Gib deinem Gegenüber Empathie und wiederhole zur Klärung der Situation das, was du gehört hast. Das ist für den Anfang eine wunderbare Übung. Versuche, sie eine Woche lang ganz konsequent umzusetzen. Spüre in dich hinein, wie sich das Zusammenfassen und Klären von Informationen anfühlt.

* Geht es dir gut dabei?
* Wie fühlt es sich an, Gespräche auf diese konkretere Weise zu führen?
* Wie gehen die anderen damit um bzw. wie reagieren sie darauf?

In der folgenden Woche startest du damit, das Nein auszusprechen. Mache dem anderen klar: »Jawohl, ich habe gehört, was du von mir möchtest, allerdings sagt mein Herz mir etwas anderes, daher lautet meine Antwort Nein.«

In der dritten Woche machst du dich aktiv daran, das Bedürfnis, das hinter deinen Handlungen steht oder versteckt ist, zu entdecken. Frage dich zu diesem Zweck im Laufe eines Tages in unterschiedlichen Situationen immer wieder: »Was brauche ich jetzt?« Versuche, das konkrete Wort, das für das jeweilige Bedürfnis steht, zu finden – nicht eine Umschreibung. Das unterstützt dich darin, klarer zu werden und in der Folge auch entsprechend klarer wahrgenommen zu werden.

Wenn dir die Antwort dazu nicht sofort einfällt, bleibe geduldig. Schaue dir die Liste mit den Bedürfnissen an (siehe Seite 63), und spüre in dich hinein. Es kann hilfreich sein, dir einen Moment Ruhe zu schenken, dich hinzusetzen und die Augen zu schließen. Wenn wir die Augen schließen, können wir besser unser Herz und unsere Seele wahrnehmen und die entsprechenden Antworten leichter hören.

Bleibe dran, lerne deine Bedürfnisse kennen. Sieh es als eine Herausforderung an, bei der du nur gewinnen kannst.

✳

Gibt es Situationen in deinem Leben, die sich ständig wiederholen und in denen du grundsätzlich ein Ja anstelle eines Nein aussprichst? Perfekt! Diese Situationen sind fürs erste Üben ideal. Nimm dir den Überblick über die »vier Schritte« zur Hand, und kläre für eine dieser Situationen ganz in Ruhe vor dem nächsten Eintreten, was du möchtest und was dir wichtig ist. Setze dich mit dir und mit dem, was du wirklich willst, auseinander.

Kannst du dein Nein auch am Telefon aussprechen? Sehr gut! Lege dir die von dir erarbeiteten Antworten auf bestimmte Standardanfragen direkt neben das Telefon, sodass du dein Nein (und den Weg dorthin) »nur noch« abzulesen brauchst. Das ist eine hervorragende Unterstützung.

✳

Hast du ein wichtiges Gespräch zu führen, in dem es (auch) darum geht, Nein zu sagen? Gut! Wenn du deine Vorarbeit dafür geleistet, also deine Bedürfnisse herausgefunden hast, bitte eine Freundin oder einen Freund, sich dir als Übungsgesprächspartner zur Verfügung zu stellen.

Spiele dann das Gespräch mit deinem Übungspartner durch. Er stellt die Bitte an dich, die du erwartest, und du teilst ihm das Nein mit, das du vorbereitet hast. Gehe mit dem Partner in einen Dialog, in dem du dich zwischen Kurzempathie, Gefühlen und Bedürfnis bewegst. Versuche, dich kurz zu halten, und **vermeide es, Geschichten zu erzählen.**

Frage deinen Übungspartner, wie das Nein angekommen ist. Konnte er Verständnis für dich entwickeln? Bestand eine (Herzens-)Verbindung?

Wenn nicht, an welcher Stelle bzw. mit welchem Wort ist der Kontakt unterbrochen worden oder gar beendet gewesen?

Probiere das Gespräch gegebenenfalls anschließend noch einige Male aus. Diese Übung ist eine ideale Vorbereitung, da sie das tatsächliche Gespräch bereits sehr gut widerspiegelt.

Ganz wichtig am Ende eines solchen Übungsgesprächs: Streift die Energien der Personen, in deren Schuhen ihr in der Übung gestanden habt, ab. Streicht dazu mit den Händen über die Arme, den Oberkörper und die Beine, und schüttelt so etwaige anhaftende Energien gleich Staubkörnern ab.

Vielleicht fertigst du dir eine Kopie der in diesem Buch aufgelisteten Gefühle und Bedürfnisse an (siehe Seite 45 f.). Du kannst auch in meinem Buch *Wertschätzend kommunizieren – achtsam miteinander umgehen* (Schirner Verlag 2016) weitere Anregungen für eine erfolgreiche Gesprächsvorbereitung finden.

Das gleichnamige Kartenset bietet dir darüber hinaus zusätzliche wertvolle Impulse und Unterstützung beim Üben an. Schließlich geht es um mehr als »nur« um Kommunikation: **Es geht um die Entwicklung der eigenen Persönlichkeit.**

EIN PERSÖNLICHES WORT
ZUM ABSCHLUSS

Mir ist durchaus bewusst, dass es eine große Herausforderung sein kann, für die eigenen Werte einzustehen.

Ich habe in meinem Leben immer wieder erfahren dürfen, dass mein Gefühl, meine Inspiration und meine Intuition mir hervorragende Ratgeber sind. Leider habe ich nicht immer darauf gehört.

Wenn sich Situationen in meinem Leben in einer Art und Weise entwickelten, die nicht gut für mich war, konnte ich im Nachhinein immer sehr schön sehen und lernen, wie gut es gewesen wäre, wenn ich seinerzeit auf meine Gefühle und damit auf mich besser gehört hätte.

Warum habe ich nicht gleich auf mich gehört?

Zum einen habe ich anfangs mir selbst weniger zugetraut als den Menschen in meinem Umfeld. Ich habe ihnen mehr Kompetenz hinsichtlich meines Lebens zugesprochen als mir. Zum anderen war es manchmal eine zu große Herausforderung, dem Druck, den andere Menschen auf mich ausübten, um sich ihre Bedürfnisse zu erfüllen, standzuhalten und gleichzeitig in der Wertschätzung und Liebe für mich selbst zu bleiben.

Was ich allerdings auch gelernt habe, ist, wie sehr es sich im Leben lohnt, genau diese Herausforderungen anzunehmen und zu meistern. Schließlich musste letzten Endes immer ich mit meinen Entscheidungen leben, und das fühlte sich bei den eigenen Herzensbeschlüssen besser und mehr von Frieden erfüllt an.

Die wertschätzende Kommunikation ist der Schlüssel zu diesem inneren und äußeren Frieden. Denn was auch immer wir tun, welche Meditationen, Vorträge und Seminare wir besuchen, zum Schluss werden wir uns über die Kommunikation mitteilen. Sie ist die Brücke zum anderen und die Möglichkeit, Verständnis und Respekt zu erhalten.

Ich wünsche dir von Herzen viel Freude, Inspiration und vor allen Dingen viele erfolgreiche Momente, die dich ermutigen, deinen ganz persönlichen Weg in das Vertrauen zu dir selbst und in die Lebensfreude zu gehen.

DANKSAGUNG

Zuallererst möchte ich den Frauen und Männern danken, die zu meinen regelmäßigen Vorträgen in der Eltern-Kind-Klinik in Steibis/Oberstaufen im Allgäu kommen.

Das Vertrauen und die Offenheit, die ich dort erfahre, sind für mich immer wieder berührend. Aufgrund der vielen Fragen und der Schilderungen persönlicher Situationen bekomme ich einen hervorragenden Überblick darüber, in welchen Bereichen die kommunikative Not besonders groß ist und Anregungen und Unterstützung dringend gebraucht werden. Die stetige Nachfrage nach mehr Informationen zum Thema »Nein sagen« haben dieses Buch entstehen lassen.

Danke für die Inspiration!

Einen großen Dank möchte ich der Klinikleitung Frau Andrea Wünsche aussprechen, die Raum und Möglichkeit für diese nicht ganz übliche Freizeitgestaltung zur Verfügung stellt. Sie hat damit eine Win-win-win-Situation geschaffen:

Die Eltern sind begeistert und erhalten in der Klinik neue Ideen für ein wertschätzendes Miteinander nach dem Klinikaufenthalt, die Klinik bekommt tolle Bewertungen und viel Lob für dieses Angebot und ich kann diese wunderbare Friedensarbeit in die Breite tragen.

Danke für das Vertrauen!

Ein großer Dank geht an meine Eltern, insbesondere an meine Mutter, die voller Vorfreude meine Manuskripte liest. Wenn sie das Geschriebene sofort versteht, bin ich zufrieden.

Danke für die Zeit und die Liebe!

Ein Dank geht an Heidi und Markus Schirner und das wundervolle Verlagsteam im Hintergrund, das auch dieses Buch wieder möglich gemacht hat.

Danke für die Begleitung!

ÜBER DIE AUTORIN

Claudia Fabian ist Trainerin für wertschätzende Kommunikation (nach Marshall B. Rosenberg), mediale, ganzheitliche Lebensberaterin sowie Energie- und Heilarbeiterin. Einfühlsamkeit und Achtsamkeit im zwischenmenschlichen Bereich sind ihr ein großes Anliegen. Sie gibt ihr Wissen in Seminaren und Coachings weiter.

www.claudia-fabian.de

Weitere Titel der Autorin erschienen im Schirner Verlag:

Claudia Fabian
Wertschätzend kommunizieren – achtsam miteinander umgehen
Einfühlsamkeit verstehen und leben
ISBN: 978-3-8434-1236-0

Claudia Fabian
Wertschätzend kommunizieren – achtsam miteinander umgehen
Einfühlsamkeit als Schlüssel zu Glück und Erfolg –
40 Karten mit Anleitung
ISBN: 978-3-8434-9081-8

LITERATUR
EMPFEHLUNGEN

Ruediger Dahlke: *Krankheit als Symbol.* Ein Handbuch der
Psychosomatik. Symptome, Be-Deutung, Bearbeitung,
Einlösung. 22. Auflage. Bertelsmann 2014

Louise L. Hay: *Gesundheit für Körper und Seele.* Allegria 2013

Marshall B. Rosenberg: *Gewaltfreie Kommunikation.*
Eine Sprache des Lebens. 12. Auflage. Junfermann 2016

BILDNACHWEIS

Bilder von der Bilddatenbank www.shutterstock.com:

Schmuckelemente Layout: Herzhälfte (groß): #419547106 (© KristenBeinke), Herzhälfe (klein): #299414282 (© Little Perfect Stock), Blume des Lebens: #144072169 (© Peter Hermes Furian), Kasten (Merksatz): #316983509 (© Galyna Andrushko), Hintergrund Leinwand (Sonderseiten & Kasten Autorenkommentar): #110378849 (© RoyStudioEU), Hintergrund Holz: #268395143 (© t.natchai)

S. 6: #394553869 (© optimarc), S. 9: #188702624 (© Galyna Andrushko), S. 10: #502419613 (© Khakimullin Aleksandr), S. 10 (Hintergrund): #125955389 (© roundstripe), S. 14: #379609630 (© Africa Studio), S. 19: #201737798 (© tomertu), S. 22: #84107722 (© Konstanttin), S. 24: #306397412 (© sheff), S. 27: #156614561 (© Rock and Wasp), S. 30: #436176244 (© aroonrojkul), S. 30 (Hintergrund): #84107722 (© Konstanttin), S. 33: #138745055 (© Amber Malquist), S. 36: #140800864 (© Dmytro Balkhovitin), S. 38: #316718666 (© crazystocker), S. 38 (Hintergrund): #328317851 (© divgradcurl), S. 40: #271561841 (© Pammy Studio), S. 44: #436979860 (© chuanpis), S. 48: #305256131 (© iravgustin), S. 50: #145290955 (© racorn), S. 52: #403137199 (© Elenamiv), S. 54: #453635980 (© PopTika), S. 58: #130575542 (© Dark Moon Pictures), S. 61: #302091608 (© artemrybchak), S. 65: #232351804 (© 232351804), S. 66: #545743288 (© Khakimullin Aleksandr), S. 67: #545743723 (© Khakimullin Aleksandr), S. 68: #475033018 (© 99ultimate), S. 72: #358362188 (© Veronika Rumko), S. 78 (Hintergrund): #108877325 (© RoyStudioEU), S. 78: #408047932 (© Fona), S. 80 (Hintergrund): #124696087 (© Irtsya), S. 80: #460179193 (© Anetlanda), S. 82: #266286188 (© lola1960), S. 84: #545890051 (© Iva Vagnerova), S. 84 (Hintergrund): #199354232 (© successo images), S. 87: #151933886 (© Gayvoronskaya_Yana), S. 90 (Hintergrund): #125955389 (© roundstripe), S. 90: #165405140 (© Africa Studio), S. 94: #91864661 (© Masson), S. 96: #500479354 (© marekuliasz), S. 100: #430122814 (© Elya Vatel), S. 105: #133463087 (© Surkov Vladimir), S. 106: #484979275 (© Ksusha K), S. 109: #260692562 (© Annette Shaff), S. 110: #257977073 (© Africa Studio), S. 112: #551207854 (© manasak khoksathan), S. 113: #551207854 (© manasak khoksathan), S. 114: #390329230 (© oneinchpunch), S. 117: #261561542 (© Bulbash), S. 118: #304787603 (© laura.h), S. 120: #302347211 (© PopTika), S. 122: #219874795 (© Annette Shaff), S. 125: #125955389 (© roundstripe)